CONTEÚDO DIGITAL PARA ALUNOS

Cadastre-se e transforme seus estudos em uma experiência única de aprendizado:

1 Escaneie o QR Code para acessar a página de cadastro.

2 Complete-a com seus dados pessoais e as informações de sua escola.

3 Adicione ao cadastro o código do aluno, que garante a exclusividade de acesso.

5002441A1428679

Agora, acesse:
www.editoradobrasil.com.br/leb
e aprenda de forma inovadora
e diferente! :D

Lembre-se de que esse código, pessoal e intransferível, é valido por um ano. Guarde-o com cuidado, pois é a única maneira de você utilizar os conteúdos da plataforma.

Editora
do Brasil

Mitanga

1
EDUCAÇÃO
INFANTIL

LINGUAGEM

JOSIANE SANSON
MEIRY MOSTACHIO

MITANGA PALAVRA
DE ORIGEM TUPI QUE
SIGNIFICA "CRIANÇA" OU
"CRIANÇA PEQUENA".

1ª EDIÇÃO
SÃO PAULO, 2020

Editora
do Brasil

Dados Internacionais de Catalogação na Publicação (CIP)
(Câmara Brasileira do Livro, SP, Brasil)

Sanson, Josiane
    Mitanga linguagem : educação infantil 1 / Josiane Sanson, Meiry
Mostachio. -- São Paulo : Editora do Brasil, 2020. -- (Mitanga)

    ISBN 978-85-10-08110-8 (aluno)
    ISBN 978-85-10-08111-5 (professor)

    1. Linguagem (Educação infantil) I. Mostachio, Meiry. II. Título.
III. Série.

20-34499   CDD-372.21

Índices para catálogo sistemático:
1. Linguagem : Educação infantil 372.21
Cibele Maria Dias - Bibliotecária - CRB-8/9427

Direção-geral: Vicente Tortamano Avanso

Direção editorial: Felipe Ramos Poletti
Gerência editorial: Erika Caldin
Supervisão de arte: Andrea Melo
Supervisão de editoração: Abdonildo José de Lima Santos
Supervisão de revisão: Dora Helena Feres
Supervisão de iconografia: Léo Burgos
Supervisão de digital: Ethel Shuña Queiroz
Supervisão de controle de processos editoriais: Roseli Said
Supervisão de direitos autorais: Marilisa Bertolone Mendes

Supervisão editorial: Carla Felix Lopes
Edição: Jamila Nascimento e Monika Kratzer
Assistência editorial: Beatriz Pineiro Villanueva
Auxílio editorial: Marcos Vasconcelos
Especialista em copidesque e revisão: Elaine Silva
Copidesque: Giselia Costa, Ricardo Liberal e Sylmara Beletti
Revisão: Andréia Andrade, Alexandra Resende, Elis Beletti, Fernanda Sanchez, Flávia Gonçalves, Gabriel Ornelas, Mariana Paixão, Martin Gonçalves e Rosani Andreani
Pesquisa iconográfica: Isabela Meneses

Assistência de arte: Josiane Batista
Design gráfico: Cris Viana/Estúdio Chaleira
Capa: Obá Editorial
Edição de arte: Paula Coelho
Imagem de capa: Luna Vicente

Ilustrações: André Valle, Bruna Ishihara, Claudia Marianno, Eduardo Belmiro, Estúdio Kiwi, Fernanda Monteiro, Henrique Brum, Ilustra Cartoon, Luiz Lentini, Marcos Machado, Marcos Mello, Sonia Horn e Vanessa Alexandre
Editoração eletrônica: NPublic/Formato Editoração
Licenciamentos de textos: Cinthya Utiyama, Jennifer Xavier, Paula Harue Tozaki e Renata Garbellini
Controle de processos editoriais: Bruna Alves, Carlos Nunes, Terezinha de Fátima Oliveira e Valéria Alves

1ª edição / 1ª impressão, 2020
Impresso na Ricargraf Gráfica e Editora Ltda.

Editora
do Brasil

Respeite o direito autoral

Rua Conselheiro Nébias, 887
São Paulo, SP – CEP 01203-001
Fone: +55 11 3226-0211
www.editoradobrasil.com.br

APRESENTAÇÃO

A VOCÊ, CRIANÇA!

Preparamos esta nova edição da coleção com muito carinho para você, criança curiosa e que adora fazer novas descobertas! Com ela, você vai investigar, interagir, brincar, aprender, ensinar, escrever, pintar, desenhar e compartilhar experiências e vivências.

Você é nosso personagem principal! Com esta nova coleção, você vai participar de diferentes situações, refletir sobre diversos assuntos, propor soluções, emitir opiniões e, assim, aprender muito mais de um jeito dinâmico e vivo.

Esperamos que as atividades propostas em cada página possibilitem a você muita descoberta e diversão, inventando novos modos de imaginar, criar e brincar, pois acreditamos que a transformação do futuro está em suas mãos.

A boa infância tem hora para começar, mas não para acabar. O que se aprende nela se leva para a vida toda.

As autoras.

CURRÍCULO DAS AUTORAS

JOSIANE MARIA DE SOUZA SANSON

▼ Formada em Pedagogia
▼ Especialista em Educação Infantil
▼ Pós-graduada em Práticas Interdisciplinares na Escola e no Magistério Superior
▼ Pós-graduada em Administração Escolar
▼ Experiência no magistério desde 1982
▼ Professora das redes municipal e particular de ensino
▼ Autora de livros didáticos de Educação Infantil

ROSIMEIRY MOSTACHIO

▼ Formada em Pedagogia com habilitação em Orientação Escolar
▼ Pós-graduada em Psicopedagogia
▼ Mestre em Educação
▼ Experiência no magistério desde 1983
▼ Professora das redes estadual e particular de ensino
▼ Ministrante de cursos e palestras para pedagogos e professores
▼ Autora de livros didáticos de Educação Infantil e Ensino Fundamental

SUMÁRIO

TUDO TEM NOME

PESSOA	CARRO
FRUTA	FLOR

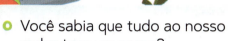

- Você sabia que tudo ao nosso redor tem um nome?
- Você acha importante as pessoas, os animais, os objetos e os lugares terem um nome? Por quê?
  Repita os nomes que o professor lerá. Depois, recorte de revistas uma figura para representar cada nome e cole-a no quadro correspondente.
- Que figuras você colou?

ILUSTRAÇÕES: FERNANDA MONTEIRO

ANIMAL

BRINQUEDO

COMIDA

DECLARAÇÃO DOS DIREITOS DA CRIANÇA

DESDE O NASCIMENTO, TODA CRIANÇA TERÁ DIREITO A UM NOME E A UMA NACIONALIDADE.

ONU. **DECLARAÇÃO DOS DIREITOS DA CRIANÇA**, 1959.

ROSA GAUDITANO/STUDIO R IMAGENS

SE LIGUE NA REDE

Para saber mais detalhes sobre os direitos das crianças, navegue no *site* a seguir com a ajuda do professor (acesso em: 28 fev. 2020).

▼ www.turminha.mpf.mp.br/ explore/direitos-das-criancas/20-anos-do-eca

▼ Você sabia que toda criança tem direitos que devem ser garantidos?

Ouça a leitura do professor e descubra um desses direitos. Em seguida, apresente-se aos colegas dizendo seu nome.

▶ QUAL É A LETRA?

▼ Qual é a letra inicial de seu nome?

Recorte de revistas a letra inicial de seu nome e cole-a no quadro. Depois, escreva seu nome na linha.

Para auxiliá-lo, destaque o alfabeto móvel das páginas 165 e 167 do encarte e utilize-o nesta e em outras atividades com letras e nomes.

TAREFA PARA CASA 1

▶ QUAL É O NOME? QUE NOME É?

É NOME DE MENINA,
COM DUAS LETRAS DO ALFABETO.
A LETRA **A** SE REPETE:
UMA NO COMEÇO, OUTRA NO FINAL.
NO MEIO DELAS, ESTÁ A LETRA **N**.
QUAL É O NOME?

ADIVINHA.

Ouça a adivinha que o professor lerá e complete os quadros com as letras indicadas para descobrir a resposta.

▼ Qual nome que você formou?

▶ NOMES E NOMES

PAULO MORA EM BELÉM, PARÁ.

CAMILA MORA EM PORTO ALEGRE, RIO GRANDE DO SUL.

JANAÍNA MORA EM CUIABÁ, MATO GROSSO.

BRASIL

MARCOS MELLO

Destaque as crianças da página 145 do encarte e cole-as de acordo com as silhuetas. Cada uma delas tem um nome e mora em um lugar.

▼ As crianças são todas iguais?

▼ Que diferenças você percebe entre elas?

O NOME DE MEUS AMIGOS

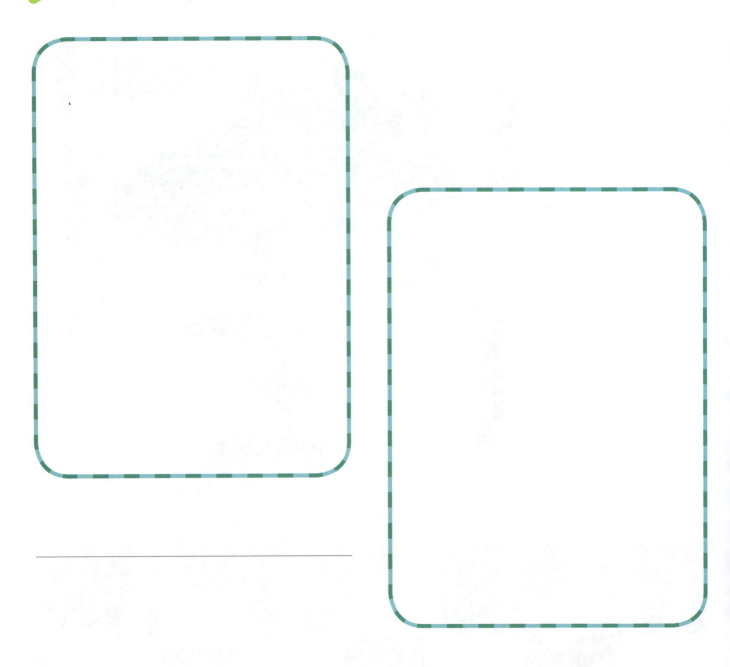

Escolha dois amigos da turma e desenhe-os usando lápis de cor.

▼ Vamos escrever o nome deles?

▶ O COLECIONADOR

ZIRALDO. **CURTA O MENINO MALUQUINHO**. SÃO PAULO: GLOBO, 2006. P. 6.

Observe a sequência de imagens da história em quadrinhos.

▼ Em sua opinião, o que a história conta?

Agora, o professor lerá os textos que aparecem nos balões de fala de cada quadro. Ouça a leitura e veja se você tinha imaginado algo parecido.

COLEÇÃO DE AMIGOS

JUNIM

CAROLINA

JULIETA

BOCÃO

LÚCIO

SUGIRO FERNANDO

Com a ajuda do professor, leia o nome dos amigos do Menino Maluquinho. Depois, observe e imite o gesto que Lúcio está fazendo.

▼ Você sabe o que esse gesto significa?

Por último, marque um **X** no amigo que não aparece na história em quadrinhos da página anterior.

▶ UM NOME PARA CADA COISA

GENTE TEM SOBRENOME

TODAS AS COISAS TÊM NOME,
CASA, JANELA E JARDIM.
COISAS NÃO TÊM SOBRENOME,
MAS A GENTE SIM.

TODAS AS FLORES TÊM NOME:
ROSA, CAMÉLIA E JASMIM.
FLORES NÃO TÊM SOBRENOME,
MAS A GENTE SIM.
[...]

TOQUINHO E ELIFAS ANDREATO. © BY
UNIVERSAL MUS PUB MGB BRASIL LTDA./
TONGA EDIÇÕES MUSICAIS.

Ouça a letra da música que o professor lerá.

Depois, desenhe as coisas que têm nome que foram citadas na música.

Por último, lembre-se de mais duas coisas que têm nome, desenhe-as e escreva o nome de cada uma delas da maneira que souber.

▼ O que você desenhou?

OS ANIMAIS TAMBÉM TÊM NOME

ILUSTRAÇÕES: VANESSA ALEXANDRE

ATRÁS DA PIA TEM UM PRATO,
UM PINTO E UM GATO.
PINGA A PIA, APARA O PRATO,
PIA O PINTO E MIA O GATO.

A ARANHA ARRANHA A JARRA
A JARRA ARRANHA A ARANHA.

A IARA AGARRA E AMARRA
A RARA ARARA DE ARARAQUARA.

TRAVA-LÍNGUAS.

Escute os trava-línguas e repita-os rapidamente.

▼ Você conseguiu identificar o nome de algum bicho durante a leitura desses textos?

Escreva nas linhas, da maneira que souber, o nome dos bichos que aparecem nos trava-línguas.

FALAR PARA APRENDER • FALAR PARA APRENDER

TAREFA PARA CASA 2

OS MATERIAIS ESCOLARES TAMBÉM TÊM NOME

LÁPIS DE COR	COLA	TESOURA
TINTA	CANETINHA	

▼ Que materiais você usa na escola?

Ouça o nome dos materiais que o professor lerá. Destaque da página 147 do encarte as fotografias desses materiais e cole-as nos quadros correspondentes.

▼ Que outro material você utiliza que não apareceu aqui?

Desenhe-o no quadro que ficou vazio e escreva o nome dele da maneira que souber.

OS ALIMENTOS TAMBÉM TÊM NOME

BANANA
MAÇÃ
QUEIJO
IOGURTE
LEITE
BISCOITO

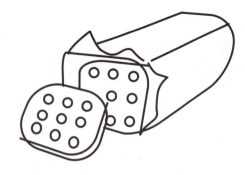

▼ Você já viu alguém fazer uma lista de coisas para comprar no mercado?

Com a ajuda do professor, leia os nomes que aparecem na lista. Depois, pinte apenas os alimentos mencionados.

▶ OS BRINQUEDOS TAMBÉM TÊM NOME

A ESCOLA

O FUTEBOL, A QUEIMADA,
A PIPA DOURADA,
A BONECA SAPECA.
A TV.
EU E VOCÊ
CARA A CARA
NO PEGA-PEGA;
TUDO AO CONTRÁRIO
NO ESCONDE-ESCONDE
(EU NO ARMÁRIO!).
O CANÁRIO NA GAIOLA,
A FIGURINHA,
CIRANDA-CIRANDINHA,
GIRA A RODA, PULA A BOLA,
A BOLA, A BOLA.
TOCA O SINO
EU VOU-ME EMBORA
PORQUE A HORA
(AGORA)
É DA ESCOLA.

JOSÉ DE NICOLA. **ENTRE ECOS E OUTROS TRECOS**. 2. ED. SÃO PAULO: MODERNA, 2002. P. 34.

Ouça a leitura do professor. Escolha um dos brinquedos citados no texto e desenhe-o acima.

▼ Qual deles você desenhou?

Escreva no quadro, da maneira que souber, o nome desse brinquedo.

▶ AS CORES TAMBÉM TÊM NOMES

AZUL

VERMELHO

AMARELO

VERDE

▼ Você sabe o nome dessas cores?

Em cada quadro, cole papel picado na cor indicada e ligue-o ao nome da cor.

▼ Você já viu essas cores em um arco-íris?

QUAL É O NOME DE SUA COR FAVORITA?

Com pincel e tinta guache, solte a imaginação e faça um desenho usando sua cor favorita.

▼ O que você desenhou?

▼ Qual foi a cor que você usou?

Escreva no quadro, da maneira que souber, o nome de sua cor favorita. Depois, apresente seu desenho à turma e ao professor.

OS LUGARES TAMBÉM TÊM NOME

ILUSTRAÇÕES: ILUSTRA CARTOON

▼ Você reconhece esses lugares?

▼ O que costuma ser vendido neles?

Com a ajuda do professor, escreva o nome desses lugares no letreiro das imagens.

▼ Que outros lugares você conhece ou costuma frequentar?

QUE DELÍCIA! VAMOS COMER?

O que você vê nesta imagem?

O que você gosta de comer? Destaque as fotografias dos alimentos da página 149 do encarte e cole-as dentro do prato da esquerda para mostrar os alimentos que você gosta de comer. Depois, entreviste um colega da turma e cole no prato da direita os alimentos de que ele gosta.

Que alimentos você colou em cada prato?

▶ HORA DO LANCHE

MEU LANCHINHO

MEU LANCHINHO, MEU LANCHINHO
VOU COMER, VOU COMER
PRA FICAR FORTINHO, PRA FICAR FORTINHO
E CRESCER! E CRESCER!

CANTIGA.

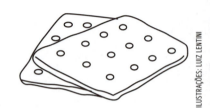

ILUSTRAÇÕES: LUIZ LENTINI

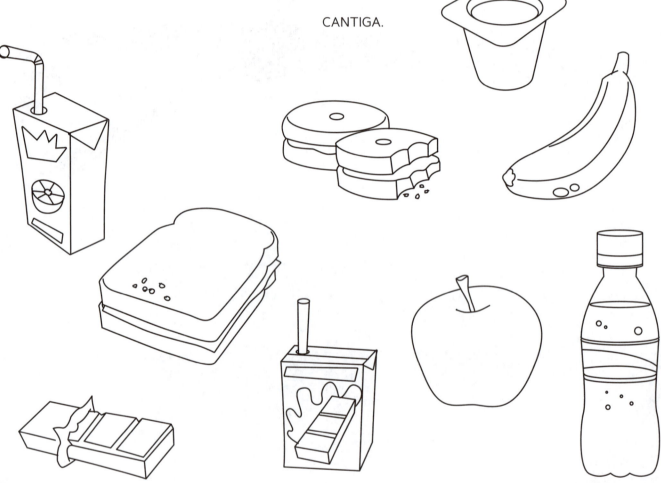

▼ O que você costuma comer na hora do lanche?
   Observe as imagens e pinte com lápis de cor
o que você gosta de comer na hora do lanche.
Depois, diga o nome do que você pintou.

▶ É DIA DE FEIRA!

A SEMANA INTEIRA

A SEGUNDA FOI À FEIRA,

PRECISAVA DE **FEIJÃO**;

A TERÇA FOI À FEIRA,

PRA COMPRAR UM **PIMENTÃO**;

A QUARTA FOI À FEIRA,

PRA BUSCAR **QUIABO** E **PÃO**;

A QUINTA FOI À FEIRA,

POIS GOSTAVA DE **AGRIÃO**;

A SEXTA FOI À FEIRA,

TEM **BANANA**? TEM **MAMÃO**?

SÁBADO NÃO TEM FEIRA

E DOMINGO TAMBÉM NÃO.

SÉRGIO CAPPARELLI. **111 POEMAS PARA CRIANÇAS**.
12. ED. PORTO ALEGRE: L&PM, 2009. P. 17.

Ouça o poema que o professor lerá.
▼ Do que fala o poema?
Destaque da página 151 do encarte as fotografias dos alimentos que são citados no poema e cole-as ao lado das palavras correspondentes. Depois, diga o nome dos alimentos que você colou.

TEM FRUTA NA MINHA ALIMENTAÇÃO

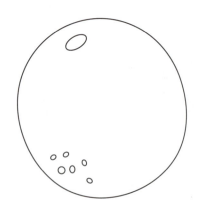

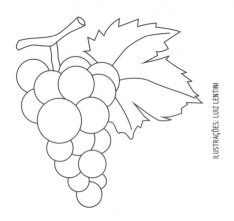

ILUSTRAÇÕES: LUIZ LENTINI

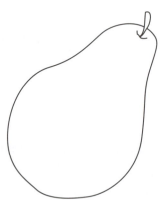

▼ Você sabe o nome dessas frutas?

Pinte-as e, com a ajuda do professor, escreva o nome delas nos quadros.

▼ Você costuma comer frutas? Quais?

▼ Você já brincou de "pera, uva, maçã, salada mista"?

COMER FRUTAS FAZ BEM!

Observe o quadro e pinte as frutas com giz de cera.

Depois, destaque da página 147 do encarte o nome dessas frutas e cole-os abaixo da fruta correspondente.

▼ Você gosta dessas frutas?

Em uma folha à parte, desenhe sua fruta preferida e, com a ajuda do professor, escreva o nome dela.

▶ FRUTA É SAÚDE!

FRUTAS

É TEMPO DE MANGA,
JABUTICABA, GOIABA,
BANANA E CAJU.
A CIDADE, PERFUMADA,
SE VESTE DE FRUTAS.
OS GRITOS DOS VENDEDORES
ZIGUEZAGUEIAM PELA FEIRA:
QUEM VAI QUERER?
MENINA BONITA NÃO PAGA,
MAS TAMBÉM NÃO LEVA.
A COZINHEIRA CHEIRA,
APALPA, EXAMINA.

QUEM VAI QUERER?

ROSEANA MURRAY E ANDRÉ MURRAY.
POEMAS E COMIDINHAS. SÃO PAULO:
PAULUS, 2008. P. 34.

Ouça o poema que o professor lerá.
▼ Você gosta de frutas?
▼ Quais frutas foram citadas no poema?
O professor o lerá novamente e, enquanto você ouve, desenhe ao lado do texto as frutas que identificar. Depois, escolha uma delas e escreva o nome da maneira que souber.

COM QUE LETRA COMEÇA?

A

M

L

P

Observe as frutas e diga o nome delas. Depois, com a ajuda do professor, use canetinha hidrocor para ligar cada fruta à letra inicial do nome dela.

▼ Quais frutas têm o nome iniciado com a mesma letra?

31

▶ HUMMM! QUE DELÍCIA!

SOPA DE LETRINHAS COM LEGUMES

INGREDIENTES:

- 4 BATATAS;
- 3 CENOURAS;
- 4 ABOBRINHAS;
- 2 MANDIOQUINHAS;
- 2 CHUCHUS;
- 1 CEBOLA BEM PICADINHA;
- 2 DENTES DE ALHO AMASSADOS;
- 2 COLHERES DE ÓLEO;
- 1 PITADA DE SAL;
- 1 XÍCARA DE MACARRÃO DE LETRINHAS.

MODO DE PREPARO

1. PEÇA A AJUDA DE UM ADULTO PARA FAZER ESTA RECEITA.

ILUSTRAÇÕES: LUIZ LENTINI

2. EM UMA PANELA COM ÓLEO, FRITE A CEBOLA E O ALHO.

3. DESCASQUE OS LEGUMES E CORTE-OS EM PEDAÇOS, COLOCANDO-OS TAMBÉM NA PANELA.

4. DESPEJE ÁGUA QUENTE E COZINHE OS LEGUMES ATÉ AMOLECEREM.

5. COLOQUE A PITADA DE SAL E O MACARRÃO DE LETRINHAS, E MEXA.

▼ Apenas observando as imagens, você consegue dizer do que trata a receita?

Agora, ouça a leitura do professor e veja se era o que você pensava.

Em uma folha à parte, faça um desenho de como ficou a sopa depois de pronta.

▶ MAIS UM POUCO DE LEGUMES

ABÓBORA

BERINGELA

ILUSTRAÇÕES: HENRIQUE BRUM

PEPINO

CENOURA

BATATA

CHUCHU

Destaque os legumes da página 151 do encarte e cole-os sobre a sombra correspondente para descobrir o nome deles.

▼ Você gosta de legumes?

▼ Qual é seu jeito preferido de comer legumes?

▶ CADÊ A COMIDA QUE ESTAVA AQUI?

MAURICIO DE SOUSA. **MAGALI**. SÃO PAULO: GLOBO, N. 292, 2000.

▼ O que está acontecendo na cena?

▼ Qual das histórias infantis essa cena representa?

Desenhe, em uma folha à parte, com canetinha hidrocor, o que poderia haver na cestinha.

Depois, com a ajuda do professor, escreva o nome das coisas que você desenhou.

▶ PREPARANDO UM LANCHE

O SANDUÍCHE DA MARICOTA

A **GALINHA MARICOTA**
PREPAROU UM SANDUÍCHE:
PÃO, MILHO, QUIRERA E OVO.

[...]

A CAMPAINHA TOCOU.

ERA O **BODE SERAFIM**,
QUE OLHOU O SANDUÍCHE
E EXCLAMOU: "VIXE!
FALTA AÍ UM CAPIM".
[...]

AVELINO GUEDES. **O SANDUÍCHE DA MARICOTA**. 2. ED. SÃO PAULO: MODERNA, 2002. P. 6, 8, 10 E 12.

ILUSTRAÇÕES: HENRIQUE BRUM

Ligue o nome dos animais que aparecem no texto aos alimentos que eles querem colocar no sanduíche.

▼ E você, o que colocaria no sanduíche da galinha Maricota?

ESPAÇO DA LEITURA · ESPAÇO DA LEITURA ·

TAREFA PARA CASA 3

AVIÃO

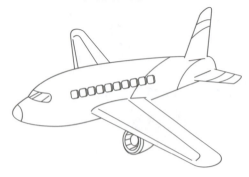

MAMÃO

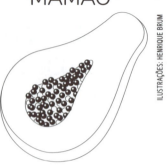

ILUSTRAÇÕES: HENRIQUE BRUM

BICICLETA

BORBOLETA

MÃO

VIOLÃO

O **PÃO** é um ingrediente essencial para fazermos um sanduíche. Observe as imagens e diga o nome delas.

▼ Algum nome tem o som final igual ao da palavra **PÃO**?

Pinte as imagens cujo nome apresenta o mesmo som final da palavra **PÃO**. Depois, circule nas palavras as letras que terminam igual à palavra **PÃO**.

SABOR E CULTURA

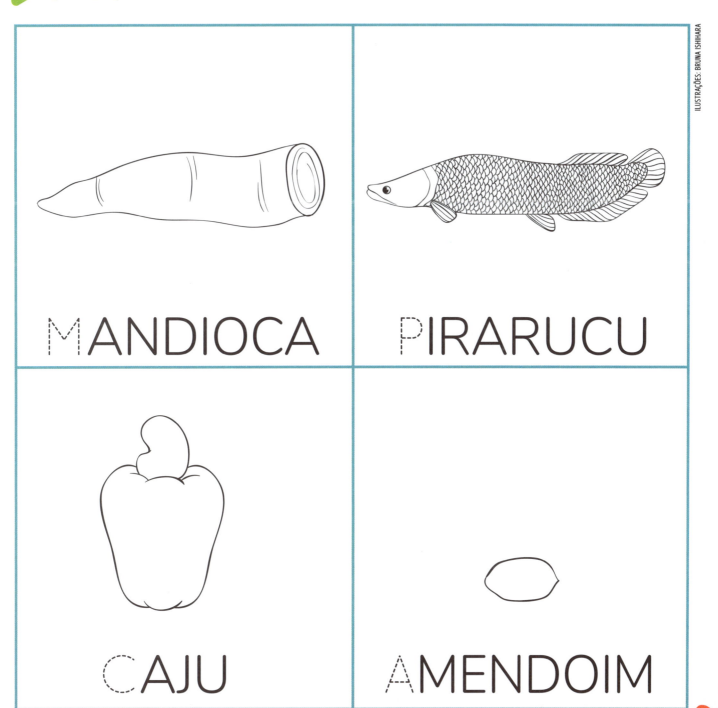

MANDIOCA

PIRARUCU

CAJU

AMENDOIM

ILUSTRAÇÕES: BRUNA ISHIHARA

▼ Você conhece esses alimentos?

▼ Sabia que o nome deles tem origem indígena?

Pinte as figuras e, depois, cubra o tracejado da letra inicial do nome dos alimentos.

▶ DELÍCIAS DA COZINHA

FEIJOADA

ACARAJÉ

Destaque as peças da página 169 e monte a imagem de dois pratos de origem africana. Depois, cole nos quadros correspondentes.

▼ Você já experimentou algum desses alimentos?

▼ Sabe de que ingredientes eles são feitos?

OUTRAS COMIDAS, OUTRAS CULTURAS

▼ Você já comeu *sushi, kibe* ou *pizza*?

Desenhe uma comida de outra cultura que você conheça. Se precisar, faça uma pesquisa com a ajuda do professor.

▼ Que comida você desenhou?

Conte para os colegas e o professor.

TAREFA PARA CASA 4

HIGIENE DOS ALIMENTOS

IPUSHKAREVPHOTO/DREAMSTIME.COM

▼ O que você vê na cena?

Com os colegas da turma e a ajuda do professor, escreva no quadro um hábito de higiene muito importante para nós com relação aos alimentos.

▼ Por que você acha que é importante lavar bem os alimentos antes de consumi-los?

SER CIDADÃO

VANESSA ALEXANDRE

Pinte a cena usando giz de cera.

▼ O que as crianças estão fazendo?

▼ Você sabia que tem gente que passa fome?

▼ E que tem muita gente que desperdiça comida?

▼ O que você acha que podemos fazer para evitar o desperdício de comida?

ERA UMA VEZ...

- Você gosta de ouvir histórias?
- Você sabe que história a imagem representa?

Destaque as imagens da página 153 do encarte e cole-as aqui para descobrir a que história ela se refere.

- Qual é sua história preferida? Conte-a para os colegas e o professor.

FERNANDA MONTEIRO

▶ ESPELHO, ESPELHO MEU!

BRANCA DE NEVE E OS SETE ANÕES

HÁ MUITO TEMPO, NUM REINO DISTANTE, VIVIAM UM REI, UMA RAINHA E SUA FILHINHA, A PRINCESA BRANCA DE NEVE. SUA PELE ERA BRANCA COMO A NEVE, OS LÁBIOS VERMELHOS COMO O SANGUE E OS CABELOS PRETOS COMO O ÉBANO.

UM DIA, A RAINHA FICOU MUITO DOENTE E MORREU. O REI, SENTINDO-SE MUITO SOZINHO, CASOU-SE NOVAMENTE.

O QUE NINGUÉM SABIA É QUE A NOVA RAINHA ERA UMA FEITICEIRA CRUEL, INVEJOSA E MUITO VAIDOSA. ELA POSSUÍA UM ESPELHO MÁGICO, PARA O QUAL PERGUNTAVA TODOS OS DIAS:

— ESPELHO, ESPELHO MEU! HÁ NO MUNDO ALGUÉM MAIS BELA DO QUE EU?

— ÉS A MAIS BELA DE TODAS AS MULHERES, MINHA RAINHA! — RESPONDIA ELE.

SONIA HORN

▼ Você conhece a história da Branca de Neve?

Ouça com a turma a história dessa princesa.

BRANCA DE NEVE CRESCIA E FICAVA CADA VEZ MAIS BONITA, ENCANTADORA E MEIGA. TODOS GOSTAVAM MUITO DELA, EXCETO A RAINHA, POIS TINHA MEDO DE QUE BRANCA DE NEVE SE TORNASSE MAIS BONITA QUE ELA.

DEPOIS QUE O REI MORREU, A RAINHA OBRIGAVA A PRINCESA A VESTIR-SE COM TRAPOS E A TRABALHAR NA LIMPEZA E NA ARRUMAÇÃO DE TODO O CASTELO. BRANCA DE NEVE PASSAVA OS DIAS LAVANDO, PASSANDO E ESFREGANDO, MAS NÃO RECLAMAVA. ERA MEIGA, EDUCADA E AMADA POR TODOS.

UM DIA, COMO DE COSTUME, A RAINHA PERGUNTOU AO ESPELHO:

— ESPELHO, ESPELHO MEU! HÁ NO MUNDO ALGUÉM MAIS BELA DO QUE EU?

— SIM, MINHA RAINHA! BRANCA DE NEVE É AGORA A MAIS BELA!

[...]

CONTO DOS IRMÃOS GRIMM RECONTADO PELAS AUTORAS.

SONIA HORN

▼ Como termina esse conto?

Converse com os colegas e o professor sobre o fim da história.

Depois de ouvir a história completa, desenhe-a em uma folha à parte.

OS SETE ANÕES

VAMOS CEDO AO TRABALHO
CANTANDO ALEGREMENTE.
NA MINA NÓS BUSCAMOS,
O OURO RELUZENTE.

A NOITINHA NÓS VOLTAMOS
PARA CASA BEM CONTENTES,
POIS LÁ ENCONTRAMOS
ACONCHEGO E COMIDA QUENTE.

TEXTO ELABORADO ESPECIALMENTE PARA
ESTA OBRA.

SONIA HORN

Ouça o poema que o professor lerá e,
com a ajuda dos colegas e do professor,
criem uma melodia para cantá-lo.

▼ Você sabe qual é o nome dos sete anões?

FALAR PARA APRENDER · FALAR PARA APRENDER ·
BLÁ BLÁ BLÁ

ESPAÇO DA LEITURA · ESPAÇO DA LEITURA ·

OS PERSONAGENS

SONIA HORN

| SO | ZAN | FE | DEN |

GOSO

GADO

LIZ

NECA

Identifique os personagens e forme o nome deles ligando as letras iniciais às finais. Dica: observe as cores e perceba os sons.

▼ Quais nomes você formou?

▼ Quais personagens faltaram?

Em uma folha à parte, escreva como souber o nome dos personagens que faltaram e ilustre-os.

▶ VAMOS BRINCAR DE RIMAR?

ANÕES

GALINHA

CAÇADOR

PEÕES

RAINHA

ROMÃ

MAÇÃ

RALADOR

ILUSTRAÇÕES: MARCOS MACHADO

Ouça o nome das figuras que o professor lerá e repita-o em voz alta. Depois, circule com a mesma cor as figuras cujos nomes rimam.

▶ O PERSONAGEM DE QUE MAIS GOSTEI FOI...

CONTO: BRANCA DE NEVE E OS SETE ANÕES

▼ De qual personagem você mais gostou?

Desenhe para representá-lo. Depois, mostre seu desenho para os colegas e o professor.

TAREFA PARA CASA 5

▶ O QUE VOCÊ FARIA?

A GALINHA RUIVA

ERA UMA VEZ UMA GALINHA RUIVA QUE MORAVA EM UM SÍTIO COM SEUS PINTINHOS.

LÁ, ELA TINHA MUITOS AMIGOS: O GATINHO, O CACHORRINHO, O PORQUINHO E A VAQUINHA.

UM DIA, ENQUANTO CISCAVA O CHÃO, ELA ENCONTROU UM GRÃO DE MILHO E TEVE A IDEIA DE PLANTÁ-LO PARA TER MUITOS GRÃOS DE MILHO E FAZER UM DELICIOSO BOLO. TODOS IAM ADORAR COMER UM BOLO DE MILHO!

MAS ERA MUITO TRABALHO PARA ELA FAZER SOZINHA. ENTÃO FOI PEDIR AJUDA A SEUS AMIGOS:

— ALGUÉM QUER ME AJUDAR A PLANTAR O MILHO, PARA DEPOIS COLHER A ESPIGA, DEBULHAR OS GRÃOS, MOER A FARINHA E PREPARAR UM DELICIOSO BOLO DE MILHO?

— EU É QUE NÃO — DISSE O GATINHO. — ESTOU COM MUITO SONO.

— EU É QUE NÃO — DISSE O CACHORRINHO. — ESTOU MUITO OCUPADO.

— EU É QUE NÃO — DISSE O PORQUINHO. — ACABEI DE ALMOÇAR.

— EU É QUE NÃO — DISSE A VAQUINHA. — ESTÁ NA HORA DE BRINCAR.

TODOS DISSERAM NÃO À GALINHA RUIVA. E ELA FICOU MUITO TRISTE PORQUE NINGUÉM QUIS AJUDÁ-LA.

▼ Você conhece a história da Galinha Ruiva?

Ouça com a turma a história dela.

MAS A GALINHA RUIVA NÃO DESISTIU. PLANTOU O GRÃO DE MILHO, COLHEU E DEBULHOU A ESPIGA, MOEU OS GRÃOS ATÉ VIRAR FARINHA E FEZ UM DELICIOSO BOLO DE MILHO.

QUANDO O BOLO FICOU PRONTO... AH... O CHEIRINHO GOSTOSO SE ESPALHOU PELO SÍTIO E TODOS OS SEUS AMIGOS FICARAM COM ÁGUA NA BOCA.

ENTÃO A GALINHA RUIVA DISSE:

— ALGUÉM QUER UM PEDAÇO DESSE DELICIOSO BOLO DE MILHO?

TODOS DISSERAM QUE SIM NA MESMA HORA. MAS A GALINHA RUIVA RESPONDEU:

— SÓ VAI COMER O BOLO QUEM AJUDOU A FAZÊ-LO.

E REPARTIU O BOLO ENTRE ELA E SEUS PINTINHOS.

CONTO DO FOLCLORE INGLÊS RECONTADO PELAS AUTORAS.

SONIA HORN

▼ O que a Galinha Ruiva queria?
▼ A quantos amigos ela pediu ajuda?
▼ O que você acha da atitude da Galinha?
   Converse com os colegas e o professor sobre o que você faria se fosse a Galinha Ruiva.

▶ E FICARAM SEM BOLO...

Destaque as peças da página 171 do encarte, monte o quebra-cabeça e cole-o aqui.

▼ Quem são os animais que aparecem nele?

▼ O que eles fizeram na história?

A RECEITA DA GALINHA

LUIZ LENTINI

Para fazer sua receita, a Galinha Ruiva precisou de um ingrediente muito importante. Cole bolinhas de papel crepom **verde** e **amarelo** na imagem e descubra que ingrediente é esse.

▼ O que a galinha fez com o milho?

Escreva a resposta no quadro da maneira que souber.

AJUDANDO NA COZINHA

▼ Assim como a Galinha Ruiva, você já fez um bolo? Desenhe um bolo que você já ajudou a fazer ou que gostaria de fazer. Depois, escreva o nome dele como souber.

▼ Qual é o principal ingrediente desse bolo?

▶ ENIGMA

A	G	H	I	L

N	O	P	S	T

_____

_____

Substitua as imagens pelas letras do quadro e relembre quem comeu o bolo.

▼ Que palavras você descobriu?

▶ COM QUE LETRA COMEÇA?

KOVALEVA_KA/SHUTTERSTOCK.COM

MILHO

OLEG LOPATKIN/SHUTTERSTOCK.COM

BOLO

SKYNESHER/ISTOCKPHOTO.COM

AMIGOS

Ouça as palavras que o professor lerá e observe as escritas em cada quadro. Depois, recorte de jornais e revistas figuras cujo nome inicie com o mesmo som de cada palavra lida e cole-as nos respectivos quadros.

UMA HISTÓRIA MUSICAL

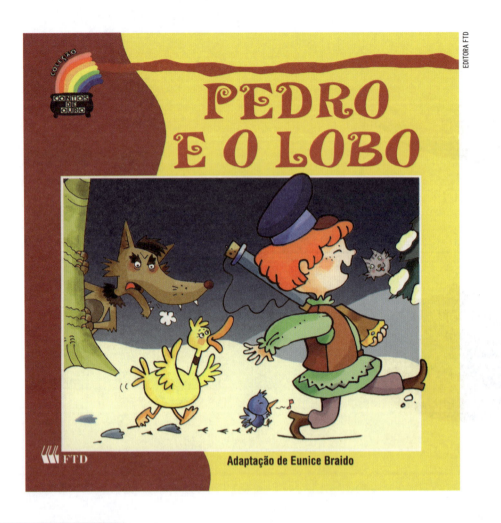

Adaptação de Eunice Braido

EDITORA FTD

SE LIGUE NA REDE

Para ver e ouvir um trecho da história **Pedro e o Lobo**, acesse o vídeo disponível no *link* (acesso em: 28 fev. 2020):

▼ www.youtube.com/watch?reload=9&v=DGHGIO_4jeQ

Para assistir a uma representação dela, acesse o vídeo disponível no *link* (acesso em: 28 fev. 2020):

▼ www.youtube.com/watch?v=n1rpTOtGrRI

▼ Você já ouviu a história **Pedro e o Lobo**?

Observe a capa do livro.

▼ Sobre o que você acha que é essa história?

UM SOM PARA CADA PERSONAGEM

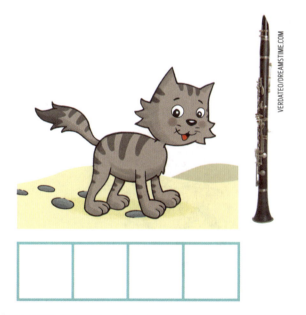

▼ Vamos ouvir o som desses instrumentos?

▼ Qual personagem cada um deles representa na história **Pedro e o Lobo**?

Identifique o som e escreva, com ajuda do professor, o nome dos personagens.

▶ TAMBOR DE SUCATA

MATERIAL:

- 1 LATINHA DE MOLHO DE TOMATE;
- 1 BEXIGA;
- 1 ELÁSTICO;
- TINTA PLÁSTICA COLORIDA.

MODO DE FAZER

1

2

3

4

▼ Vamos construir um instrumento musical?
Com a ajuda do professor, providencie os materiais necessários. Depois, observe a sequência de imagens e construa seu tambor.

▶ E O FIM FICOU ASSIM!

Crie um novo final para a história **Pedro e o Lobo** e faça um desenho para representá-lo.

Depois, apresente seu desenho aos colegas e o professor.

TAREFA PARA CASA 6

UNIDADE 4
A BRINCADEIRA VAI COMEÇAR

TODA CRIANÇA TEM O DIREITO DE BRINCAR.

- Você gosta de brincar?
- Qual é sua brincadeira preferida? Desenhe com giz de cera as brincadeiras que você conhece. Depois, apresente seu trabalho aos colegas e ao professor.
- Qual é o nome das brincadeiras que você desenhou?

ILUSTRAÇÕES: FERNANDA MONTEIRO

▶ VAMOS BRINCAR LÁ FORA?

QUER BRINCAR?
TODO DIA, TODA HORA,
TEM BRINCADEIRA E DIVERSÃO.
BASTA A TURMA ENCONTRAR,
PARA A BRINCADEIRA COMEÇAR,
TEM AMARELINHA, PULAR CORDA,
E PIÃO.
TODO DIA, TODA HORA,
TEM BRINCADEIRA DE MONTÃO.
BRINCAR DE BOLA É MUITO LEGAL
JÁ PRA FORA PESSOAL,
VÃO BRINCAR LÁ NO QUINTAL!
TODO DIA, TODA HORA,
TEM BRINCADEIRA E MUITA IMAGINAÇÃO.
TEM ESCONDE-ESCONDE, BAMBOLÊ E PASSA ANEL,
TEM TANTA BRINCADEIRA
QUE ESTÁ DIFÍCIL A DECISÃO.
TODO DIA, TODA HORA,
BRINCAR É MUITO BOM.

TEXTO ESCRITO ESPECIALMENTE PARA ESTA OBRA.

Ouça a leitura do professor.
▼ Quais brincadeiras foram citadas no poema?
▼ Qual delas você acha mais legal?
▼ Há alguma dessas brincadeiras com a qual você não brincou ainda? Se sim, qual?
Usando massinha de modelar, faça uma escultura para representar uma das brincadeiras citadas no poema. Depois, faça um desenho para decorar a página.

QUAL É A BRINCADEIRA MAIS LEGAL?

▼ Em sua opinião, qual é a brincadeira mais legal?

Usando tinta guache e pincel, desenhe a brincadeira que você acha mais legal de brincar quando está sozinho e escreva o nome dela na linha da maneira que souber.

Depois, apresente-a aos colegas e ao professor e explique como se brinca.

▶ APRENDER A BRINCAR BRINCANDO

CHRISTIE'S IMAGES/BRIDGEMAN IMAGES

ALPHONSE ETIENNE DINET. **LITTLE GIRLS JUMPING ROPE**, 1888. ÓLEO SOBRE TELA, 50,8 CM × 64,2 CM.

COMO BRINCAR: É POSSÍVEL BRINCAR SOZINHO, EM DUPLA OU EM GRUPO. SE ESTIVER EM DUPLA, AMARRE UMA DAS PONTAS DA CORDA EM ALGUM LUGAR, ASSIM UM PARTICIPANTE PODE BATER PARA QUE O OUTRO PULE. QUANDO O GRUPO É MAIOR, DUAS PESSOAS BATEM PARA QUE OS DEMAIS BRINQUEM. ALGUNS CONSEGUEM PULAR JUNTO COM OUTRA PESSOA OU COM DUAS CORDAS AO MESMO TEMPO. [...]

GIRAR, CORRER E PULAR SOB O SOL CEARENSE. PUBLICADO NA REVISTA **NOVA ESCOLA**, EDIÇÃO 256, 01 DE OUT. 2012. PÁGINA 97-100. CRÉDITO: ELISÂNGELA FERNANDES, DE FORTALEZA E SÃO GONÇALO DO AMARANTE, CE/ABRIL COMUNICAÇÕES S/A.

▼ Qual brincadeira você vê na obra de arte acima?

Escute a leitura do professor e brinque conforme sugerido no texto.

▶ VAMOS PULAR CORDA?

UM HOMEM BATEU EM MINHA PORTA

UM HOMEM BATEU EM MINHA PORTA
E EU ABRI.
SENHORAS E SENHORES,
PONHA A MÃO NO CHÃO.
SENHORAS E SENHORES,
PULE DE UM PÉ SÓ.
SENHORAS E SENHORES,
DÊ UMA RODADINHA
E VÁ PRO OLHO DA RUA.

CANTIGA.

ESTÚDIO KIWI

Cante a música enquanto brinca de pular corda.
Depois, pinte a imagem.
▼ Que outras músicas de pular corda você conhece?

BRINCANDO COM AS PALAVRAS

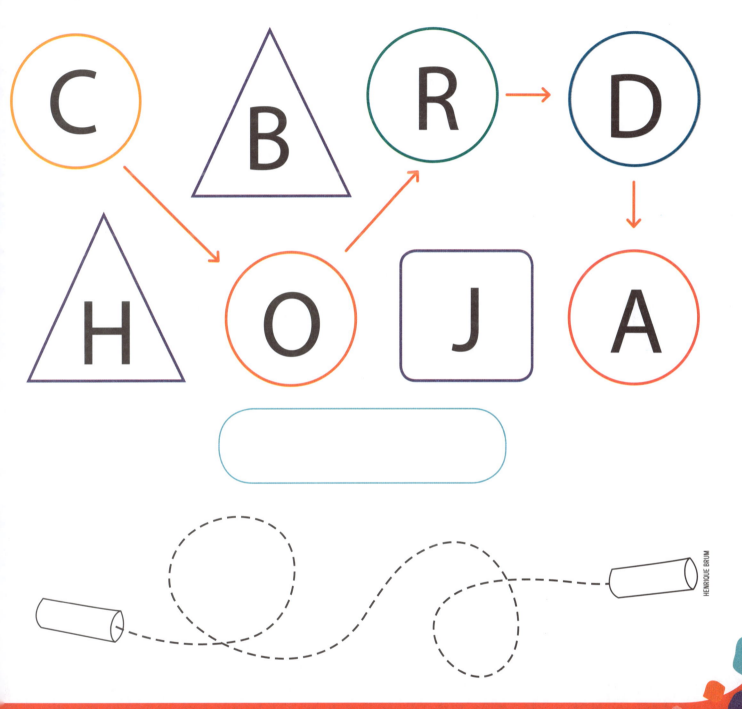

Essas são algumas letras do alfabeto. Siga as setas, junte as letras e descubra o nome de um brinquedo. Depois, copie no quadro a palavra formada.

▼ Qual palavra você formou?

Cubra o tracejado e veja a imagem desse brinquedo.

Em uma folha à parte, escreva nomes de colegas que se iniciam com a primeira letra da palavra **CORDA**.

HENRIQUE BRUM

BRINCADEIRAS DE CRIANÇA

☐ LENÇO ATRÁS.

☐ VIVO OU MORTO.

☐ PIQUE-ESCONDE.

☐ AMARELINHA.

▼ Do que você gosta de brincar na escola?

Ouça o nome de algumas brincadeiras que o professor lerá.

Destaque as imagens da página 155 do encarte e cole-as nos locais correspondentes.

Em seguida, marque com um **X** a brincadeira de que você costuma brincar na escola.

DO QUE VOCÊ QUER BRINCAR?

ILUSTRAÇÕES: ANDRÉ VALLE

▼ O que as cenas representam?

▼ Quais dessas brincadeiras você conhece?

Pinte as cenas e escreva, nos quadros, da maneira como souber, o nome das brincadeiras representadas.

▶ BRINCADEIRAS E BRINQUEDOS

INFÂNCIA

ANINHA
PULA **AMARELINHA**
HENRIQUE
BRINCA DE **PIQUE**
MARÍLIA
DE **MÃE E FILHA**
MARCELO
É O REI DO CASTELO
MARIAZINHA
SUA RAINHA

CAROLA
BRINCA DE **BOLA**
RENATO
DE **GATO E RATO**
JOÃO
DE **POLÍCIA E LADRÃO**
JOAQUIM
ANDA DE **PATINS**

TIETA
DE **BICICLETA**
E **JANETE**
DE **PATINETE**.
LUCINHA!
EU ESTOU SOZINHA.
VOCÊ QUER BRINCAR COMIGO?

SONIA MIRANDA. **PRA BOI DORMIR**. RIO DE JANEIRO: RECORD, 2004. P. 44.

ILUSTRAÇÕES: ESTÚDIO KIWI

Ouça com atenção a leitura do poema.
▼ Que nomes de pessoas foram citados?
▼ Você ouviu o nome de brincadeiras e brinquedos também?
Circule com lápis de cor os nomes de brinquedos que aparecem no texto.

TAREFA PARA CASA 7

CONSTRUINDO UM AVIÃO DE BRINQUEDO

MATERIAL:

- 1 PRENDEDOR DE ROUPA DE MADEIRA;
- 2 PALITOS DE SORVETE GRANDES;
- 1 PALITO DE SORVETE PEQUENO;
- TINTA GUACHE;
- PINCEL;
- COLA.

ILUSTRAÇÕES: LUIZ LENTINI

MODO DE FAZER

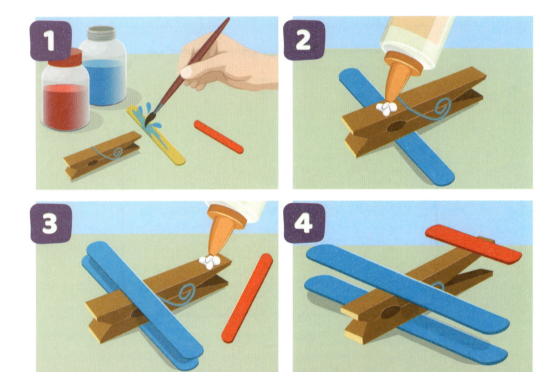

▼ Você já construiu algum brinquedo?

▼ Vamos construir um avião de brinquedo?

Observe a sequência de imagens e siga as instruções do professor para construir seu avião.

TRÊS BRINQUEDOS

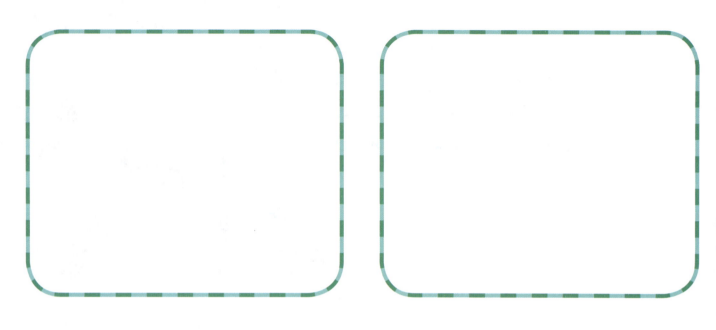

Pesquise, em folhetos ou revistas, figuras de três brinquedos. Recorte-as e cole-as aqui.

▼ Quais brinquedos você colou?

Com a ajuda do professor, escreva o nome deles.

TAREFA PARA CASA 8

▶ QUAL É O BRINQUEDO?

EU, SEM CORDA, NÃO ANDO.
COM A CORDA, NÃO POSSO ANDAR.
SÓ A CORDA ME TIRANDO
PODE ME MOVIMENTAR.
QUEM SOU?

ADIVINHA.

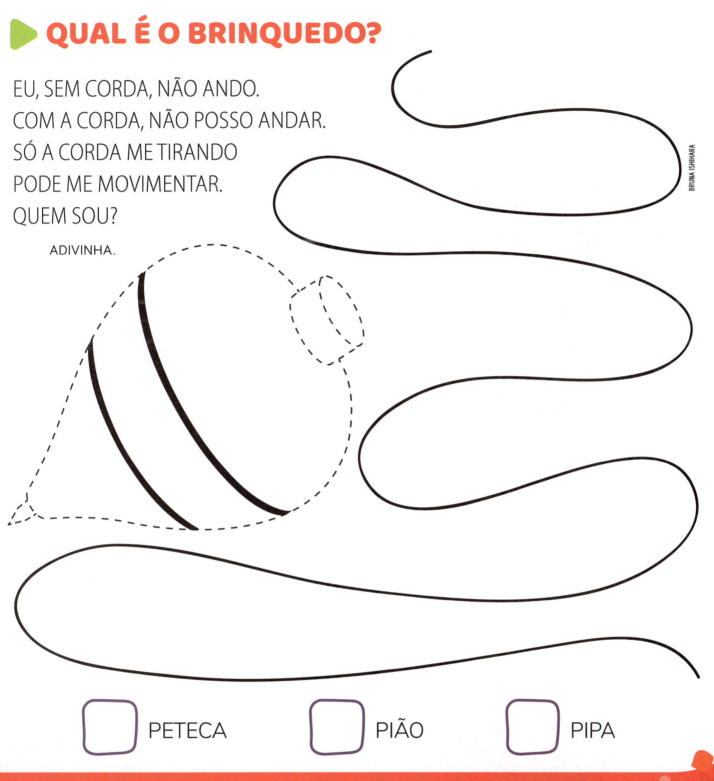

BRUNA ISHIHARA

☐ PETECA   ☐ PIÃO   ☐ PIPA

Cubra o tracejado para descobrir a resposta da adivinha.

▼ Qual brinquedo você descobriu?

▼ Você já brincou com ele?

Pinte o desenho usando cola colorida e cole barbante no fio do brinquedo. Depois, com a ajuda do professor, marque o quadrinho que representa o nome dele.

▶ HORA DE BRINCAR E CANTAR

ESCRAVOS DE JÓ

ESCRAVOS DE JÓ
JOGAVAM CAXANGÁ.
TIRA, BOTA,
DEIXA FICAR.
GUERREIROS COM GUERREIROS
FAZEM ZIGUE, ZIGUE, ZÁ.
GUERREIROS COM GUERREIROS
FAZEM ZIGUE, ZIGUE, ZÁ.

ILUSTRAÇÕES: ILUSTRA CARTOON

SAPO-CURURU

SAPO-CURURU NA BEIRA DO RIO.
QUANDO O SAPO GRITA, Ó MANINHA,
É PORQUE TEM FRIO.
A MULHER DO SAPO
DEVE ESTAR LÁ DENTRO
FAZENDO RENDINHA, Ó MANINHA,
PRO SEU CASAMENTO.

CANTIGAS.

Cante essas músicas enquanto brinca de roda com os colegas. Primeiro, girem para um lado e, depois, para o outro.

▼ De qual cantiga de roda você mais gostou?

Agora, marque um **X** na roda em que há mais crianças.

▶ O QUE É, O QUE É?

> TEM RABO E NÃO É ANIMAL,
> VOA E NÃO É AVE.

> ELA PARECE TER VIDA
> ROLANDO DE PÉ EM PÉ,
> ALVOROÇANDO A TORCIDA,
> QUE VIBRA GRITANDO OLÉ.

> ENROLE-ME DEVAGARZINHO
> E ME DESENROLE AO JOGAR.
> EU RODO NUM TORVELINHO,
> SOLTO NO CHÃO, A ZOAR.

ADIVINHAS.

▼ Você sabe o nome desses brinquedos?
  Ouça as adivinhas que o professor lerá,
encontre a resposta nas imagens e ligue-as.

ANALISANDO A OBRA DE ARTE

GALERIA JACQUES ARDIES

HELENA COELHO. **PARQUE DAS CRIANÇAS**, 2009. ÓLEO SOBRE TELA, 30 CM × 40 CM.

▼ Quais são os brinquedos e as brincadeiras que você identifica na obra de arte?

Circule com canetinha hidrocor os brinquedos e as brincadeiras que você encontrar e escreva da maneira que souber o nome de um dos brinquedos.

ANIMAIS NO MUNDO

Observe a imagem e pinte-a com lápis de cor. Converse com os colegas e o professor sobre o que será estudado nesta unidade.

- O que você vê na imagem?
- Você sabe o nome desses animais?
- Onde eles estão?

FERNANDA MONTEIRO

MUITOS BICHOS DE UMA VEZ

A ARCA DE NOÉ

TÁ FALTANDO UM BICHO
NA ARCA DE NOÉ.
VOCÊ SABE O NOME DELE?
ENTÃO DIGA QUAL É.

ILUSTRAÇÕES: LUIZ LENTINI

JÁ ENTROU   ,   ,   ,   ,   ,
   , E   . E   .

ENTROU O   ,   ,   ,   ,   ,
   , E   .

AI, QUE CONFUSÃO! [...]

A ARCA DE NOÉ. CLAUDIO FONTANA.
© TECLA (PEERMUSIC DO BRASIL).

▼ Você conhece os bichos citados na letra da música?
Com a ajuda do professor, leia a música ou cante-a
enquanto imita os animais citados.

QUE BICHO FALTA?

ILUSTRA CARTOON

▼ Que animal está faltando na música?
Pense em um animal que não foi citado na letra da música, desenhe-o e escreva o nome dele da maneira que souber.

▶ OUTROS ANIMAIS

ARARA	ELEFANTE	GIRAFA
IGUANA	LEÃO	ONÇA
PATO	RATO	URSO

▼ Ouça os nomes dos animais que o professor lerá.

Destaque os animais da página 157 do encarte, fale o nome de cada um deles e cole as figuras nos quadros correspondentes.

Depois, circule os nomes de animais que têm o mesmo som final.

BICHOS TÊM CASA?

VEJAM SÓ COMO OS BICHOS
VÃO ENSINANDO A GENTE:
PRA TER CASA BONITA,
BASTA QUE SE INVENTE! [...]

REPARE SÓ COMO FAZ
O ESPERTO **PASSARINHO**,
QUE CATA PALHA POR PALHA
PARA FAZER O SEU NINHO. [...]

O **CASTOR** É ENGENHEIRO.
FAZ BARRAGEM, FAZ REPRESA.
SUA CASA TEM PISCINA.
NÃO É MESMO UMA BELEZA? [...]

CASA É TAMBÉM PROTEÇÃO.
O **TATU**, QUE NÃO É BOBOCA,
SE VÊ INIMIGO POR PERTO,
JÁ SAI CORRENDO PRA TOCA. [...]

HARDY GUEDES ALCOFORADO FILHO.
CASINHAS DE BICHOS. 2. ED. SÃO PAULO:
SCIPIONE, 2008. P. 3, 6, 12 E 14.

ILUSTRAÇÕES: ILUSTRA CARTOON

▼ Será que os animais também precisam de um lugar para morar?

Escute o poema que o professor lerá e pinte com lápis de cor somente os animais citados.

ESPAÇO DA LEITURA • ESPAÇO DA LEITURA • ESPAÇO

▶ QUE BICHO É?

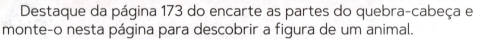

Destaque da página 173 do encarte as partes do quebra-cabeça e monte-o nesta página para descobrir a figura de um animal.

▼ Você sabe o nome desse animal?

▼ Com qual letra começa o nome dele?

Escreva, da maneira que souber, o nome desse animal no quadro.

▶ DESAFIO

PASSARINHO

TATU

CASTOR

ILUSTRAÇÕES: HENRIQUE BRUM

POLVO

PEIXE

TIGRE

B	T	L	P	P	O	L	V	O	Z
C	T	I	G	R	E	U	E	K	O
C	A	S	T	O	R	L	M	D	M
F	U	M	T	A	T	U	C	R	V
G	I	P	E	I	X	E	E	Y	O
P	A	S	S	A	R	I	N	H	O

▼ Você sabe o nome desses animais?
Encontre e pinte no diagrama o nome deles.

BATE-PAPO NA FAZENDA

BATENDO PAPO

VINHA A GALINHA
E A PATA DANADA:
FALANDO DO GALO,
FALANDO DO PATO,
FALANDO DO LAGO,
FALANDO DO MATO,
FALANDO DO GATO,
FALANDO DO RATO,
BATENDO UM PAPO.

TEXTO GENTILMENTE CEDIDO
POR NELSON ALBISSÚ.

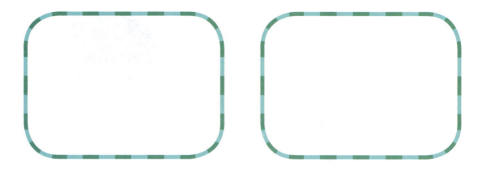

Ouça a leitura do professor. Depois, destaque da página 159 do encarte as figuras dos animais que foram citados no poema e cole-as nos quadros.

▼ Você sabe escrever o nome deles?

Escreva, da maneira que souber, o nome de cada animal na linha abaixo do quadro.

TAREFA PARA CASA 9

▶ O QUE É, O QUE É?

QUAL O BICHO QUE
FAZ A MAIOR ONDA
ABANANDO A CAUDA?

ILUSTRAÇÕES: LUIZ LENTINI

QUEM É QUE TEM ANÉIS
E NÃO TEM DEDOS,
QUE CORRE E NÃO TEM PÉS?

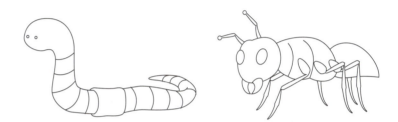

QUEM É QUE TEM LUZ,
MAS SÓ VIVE NO ESCURO?

DONALDO BUCHWEITZ. **O QUE É,
O QUE É: ANIMAIS**. SÃO PAULO:
CIRANDA CULTURAL, S/D. (COLEÇÃO O
QUE É, O QUE É).

Ouça as adivinhas e pinte a resposta correta.

▼ Você conhece outras adivinhas sobre animais?

Pergunte a seus familiares se conhecem
alguma e, de volta à sala, conte-a aos colegas
e ao professor.

▶ VOA, PASSARINHO!

MEU DESENHO

COM OS MEUS LÁPIS DE COR,
DESENHEI UM PASSARINHO.
ELE FICOU TÃO PERFEITO
QUE ATÉ VOOU PRO NINHO.

PEDRO BANDEIRA. **POR ENQUANTO SOU PEQUENO**. 3. ED. SÃO PAULO: MODERNA, 2009. P. 8.

EDUARDO BELMIRO

C   U   R   I   Ó

Use giz de cera para percorrer o trajeto do pássaro até o ninho e escreva nos quadros cada letra encontrada.

▼ Que palavra você formou?

Essa palavra é o nome de um pássaro.

▼ Você conhece esse pássaro?

Escute o que o professor vai contar sobre ele.

MAURICIO DE SOUSA. **ALMANAQUE DO CHICO BENTO**.
SÃO PAULO: PANINI BRASIL, N. 16, AGO. 2009.

Observe a capa do gibi do Chico Bento.

▼ O que há na imagem?

▼ Quantas pessoas e quantos animais aparecem?

Fale o nome dos animais que aparecem na cena e tente escrevê-los com o alfabeto móvel.

▶ NOSSA VEZ

TEXTO COLETIVO

Com os colegas e o professor, faça um texto coletivo descrevendo a situação apresentada na capa do gibi da página anterior. Depois, cole-o aqui.

▼ Você gostou de como ficou o texto?

► ANIMAIS DO CORAÇÃO

ANIMAIS DE ESTIMAÇÃO

NESTA VIDA DE CRIANÇA,
A BRINCADEIRA E A DIVERSÃO
SÓ SE COMPLETAM NA ALEGRIA
COM UM ANIMAL DE ESTIMAÇÃO.

ESCOLHI UM CACHORRINHO
SERELEPE E CARINHOSO.
MEU IRMÃO QUIS UM GATINHO
PELUDO E DENGOSO.

MUITOS BICHOS PODEM SER NOSSOS AMIGOS:
PASSARINHO, TARTARUGA, COELHINHO.
ESCOLHA VOCÊ TAMBÉM UM ANIMALZINHO
PARA SER SEU AMIGUINHO.

ILUSTRAÇÕES: EDUARDO BELMIRO

TEXTO ESPECIALMENTE ESCRITO PARA ESTA OBRA.

▼ Você tem ou gostaria de ter um animal de estimação?

Ouça o poema que o professor lerá e identifique os animais de estimação citados.

Depois, observe as figuras e circule somente o animal que não é de estimação. Em seguida, escreva o nome dele no quadro da maneira que souber.

▶ NOMES EMBARALHADOS

CO	CA	MA	ÇA	ON	PO	SA
3	2	1	2	1	2	1
_____			_____		_____	

RA	A	RA	RÉ	CA	JA	BRA	CO
2	1	3	3	2	1	2	1
_____			_____			_____	

▼ Que tal desembaralhar sílabas e formar nomes de animais?

Utilizando o alfabeto móvel, desembaralhe as sílabas de cada quadro e descubra o nome de alguns animais silvestres.

Depois, destaque as figuras dos animais da página 175 do encarte e cole-as nos quadros corretos.

ILUSTRAÇÕES: EDUARDO BELMIRO

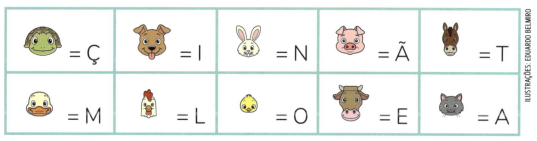

▼ Você sabe como devemos cuidar de nossos animais de estimação?

Siga a legenda e substitua os símbolos pelas letras correspondentes para descobrir um cuidado que devemos ter com nossos animais de estimação.

Em seguida, desenhe no quadro outro cuidado que devemos ter com eles. Converse com os colegas e o professor sobre esse assunto.

▶ QUADRINHAS

MINHA GALINHA PINTADA,
E MEU GALO CARIJÓ,
SE A MINHA GALINHA É BOA,
O MEU GALO *INDA* É *MIÓ*. [...]

DESAFORO DO PASSARINHO,
ONDE FOI FAZER O NINHO,
NA MAIS ALTA LARANJEIRA,
NO DERRADEIRO GALHINHO. [...]

O TATU É BICHO MANSO,
NUNCA MORDEU A NINGUÉM;
AINDA QUE QUEIRA MORDER
O TATU DENTES NÃO TEM. [...]

SÍLVIO ROMERO. **QUADRINHAS
BRASILEIRAS**. SÃO PAULO: SCIPIONE,
2006. P. 23, 25 E 29.

Escute as quadrinhas que o professor lerá. Depois, desenhe ao lado de cada uma o animal citado e tente escrever o nome dele com o alfabeto móvel.

▼ Que tal recitar uma quadrinha para a turma?

Escolha uma delas, memorize-a e apresente-a aos colegas e ao professor.

▶ O GALINHO

MEU GALINHO

FAZ TRÊS NOITES QUE EU NÃO DURMO, OLALÁ!
POIS PERDI O MEU GALINHO, OLALÁ!
COITADINHO, OLALÁ!
POBREZINHO, OLALÁ!
EU PERDI LÁ NO SERTÃO.

ELE É BRANCO E AMARELO, OLALÁ!
TEM A CRISTA VERMELHINHA, OLALÁ!
BATE ASAS, OLALÁ!
ABRE O BICO, OLALÁ!
ELE FAZ QUIRIQUIQUI.

JÁ RODEI O MATO GROSSO, OLALÁ!
AMAZONAS E PARÁ, OLALÁ!
ENCONTREI, OLALÁ!
MEU GALINHO, OLALÁ!
NO SERTÃO DO CEARÁ!

CANTIGA.

▼ Você conhece essa canção?
▼ Já perdeu algum objeto e depois conseguiu encontrá-lo? Onde ele estava?

Cante a música com os colegas e o professor. Depois, destaque as figuras da página 159 do encarte e cole aqui as que combinarem com a canção.

TAREFA PARA CASA 10

o Você sabe o que é inventar e criar?

Em grupo e com o material que o professor disponibilizará, contribua para a criação da abertura desta unidade.

Inicie a arte em seu livro e, ao sinal do professor, passe o livro para o colega ao lado, que vai continuá-la. Você receberá também o livro de um colega para continuar a arte dele.

Troquem os livros até que todos tenham contribuído de forma criativa para a elaboração da abertura da unidade.

o O que você achou dessa criação coletiva?

FERNANDA MONTEIRO

▶ O QUE PODEMOS CRIAR COM SUCATA?

MORADA DO INVENTOR

A PROFESSORA PEDIA E A GENTE LEVAVA PRA ESCOLA, ACHANDO LOUCURA UM MONTE DE LIXO: LATAS VAZIAS DE BEBIDAS; CAIXAS DE FÓSFORO; PEDAÇOS DE PAPEL DE EMBRULHO PARA PRESENTE; FITAS COLORIDAS DE VÁRIAS LARGURAS; BOTÕES DE TODAS AS CORES, FORMAS E TAMANHOS; BRINQUEDOS QUEBRADOS; XÍCARAS SEM ASAS; RESTOS DE RENDAS, DE LINHAS E DE LÃS; RECORTES DE BICHOS, PESSOAS, MATAS, MARES, SÓIS, LUAS E ESTRELAS; REVISTAS COM FOTOS COLORIDAS E JORNAIS LIDOS [...].

UM DIA, A PROFESSORA DEU A PARTIDA E TRANSFORMAMOS, COLAMOS E COLORIMOS.

E SURGIRAM BONECOS ESQUISITOS, FADAS, BRUXAS E BICHOS DE OUTROS PLANETAS E COISAS MALUCAS QUE NEM DEUS INVENTOU. [...]

E, AOS POUCOS, A NOSSA ESCOLA VIROU MORADA DE INVENTOR!...

ELIAS JOSÉ. **ESCOLA: MORADA DE INVENTOR E OUTROS CONTOS DE ESCOLA**. SÃO PAULO: PAULUS, 2009. P. 77-79.

CARRINHO

ROBÔ

BONECO

ILUSTRAÇÕES: LUIZ LENTINI

▼ O que as crianças criaram?

▼ Que materiais usaram?

Siga o exemplo dessas crianças e faça suas próprias invenções com sucata.

▶ MINHA INVENÇÃO

Desenhe o que você criou e escreva o nome da maneira que souber.

▼ Que materiais você utilizou?

NÃO SÓ COM SUCATA PODEMOS CRIAR COISAS!

TINTA E PAPEL

MOLHO O PINCEL
NO AZUL DO MAR,
NO FOGO DO CÉU,
NA MACIA PRATA DA NEBLINA
QUE COBRE A MONTANHA.
MOLHO O PINCEL
NA LUZ DO GIRASSOL,
NO CORPO VERDE DA ESPERANÇA,
E NO PAPEL EM BRANCO
VÃO SURGINDO MANCHAS:
UMA CASA, UM RIO, E MUITO LONGE
UMA MENINA COM AS MÃOS CHEIAS
DE ESTRELAS.

ROSEANA MURRAY. **PERA, UVA OU MAÇÃ?**
SÃO PAULO: SCIPIONE, 2005. P. 36.

ESTÚDIO KIWI

Ouça o texto e descubra que outros materiais podemos usar em nossas criações.

▼ O que podemos criar com tinta, pincel e papel?

Faça como sugere o poema e crie sua pintura em uma folha à parte. Depois, observe o título do poema, encontre as letras que se repetem e circule-as com a mesma cor.

▶ RECRIANDO A REALIDADE

MUSEU DORSAY, PARIS

PAUL CÉZANNE. **MAÇÃS E LARANJAS**, C. 1895--1900. ÓLEO SOBRE TELA, 22,4 CM × 17,1 CM.

MUSEU CALOUSTE GULBENKIAN, LISBOA

CLAUDE MONET. **NATUREZA MORTA**, 1872. ÓLEO SOBRE TELA, 28 CM × 20,5 CM.

Há várias formas de criar e representar a mesma coisa. Observe essas obras de arte.

▼ Que semelhanças e diferenças há entre elas?

Ao lado de cada tela, escreva, da maneira que souber, o nome das frutas que aparecem nela.

► ARTE DE CRIAR OBJETOS

EDSON SATO/PULSAR IMAGENS

INDÍGENA YANOMÂMI, DA COMUNIDADE MARARI, CONFECCIONANDO UM CESTO DE VIME EM BARCELOS, AMAZONAS, 2010.

PENEIRA	BALAIO
BOLSA	ESTEIRA

Muitas comunidades indígenas dominam a arte de trançar fibras vegetais para confeccionar objetos.

▼ Você conhece algum objeto feito com esse tipo de arte?

Para descobrir alguns exemplos, destaque as figuras da página 175 do encarte e cole-as de acordo com os nomes.

CONHECENDO OUTRAS CRIAÇÕES ARTESANAIS

MARCOS ANDRÉ/OPÇÃO BRASIL IMAGENS

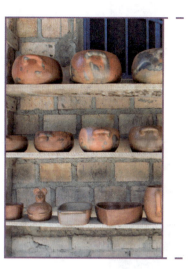

CADU DE CASTRO/PULSAR IMAGENS

A_____EI_____

B_____RR_____

ROGÉRIO REIS/PULSAR IMAGENS

CHICO FERREIRA/PULSAR IMAGENS

C_____UR_____

M_____DE_____R_____

Destaque da página 161 do encarte as partes que completam as imagens e cole-as nos espaços correspondentes. Depois, complete as palavras com as letras que faltam.

▼ Você já viu esses artesanatos pessoalmente?

▼ Conhece o material usado em cada um deles?

CADA UM COM SEU INVENTO

MAURICIO DE SOUSA. REVISTA **PARQUE DA MÔNICA**. SÃO PAULO: GLOBO, N. 150, P. 66.

Leia a tirinha e escreva ao lado o nome dos personagens que aparecem nela. O professor auxiliará nessa tarefa.

▼ O que cada personagem criou?

Converse com os colegas e invente com eles uma história para a tirinha.

▶ QUE INVENÇÃO É ESTA?

O PRIMEIRO PROJETO DE QUE SE TEM NOTÍCIA DATA DE APROXIMADAMENTE 1490 E FOI FEITO PELO INVENTOR LEONARDO DA VINCI.

DEPOIS DISSO, ESSA INVENÇÃO PASSOU POR VÁRIOS APERFEIÇOAMENTOS ATÉ CHEGAR AO MODELO QUE CONHECEMOS HOJE.

FONTE: A HISTÓRIA DA BICICLETA NO MUNDO. **ESCOLA DE BICICLETA**. DISPONÍVEL EM: WWW.ESCOLADEBICICLETA.COM.BR/HISTORIADABICICLETA.HTML. ACESSO EM: 22 NOV. 2019.

LEONARDO DA VINCI. **AUTORRETRATO**, C. 1512. DESENHO (SANGUÍNEA).

LEONARDO DA VINCI. **CODEX ATLANTIC**. VERSO DO FOLIO 133. DESENHO NÃO AUTOGRAFADO (DETALHE).

SE LIGUE NA REDE

Para saber mais detalhes da evolução dessa invenção, navegue nos *sites* a seguir (acessos em: 6 dez. 2019):

▼ www.smartkids.com.br/video/evolucao-das-bicicletas;

▼ https://super.abril.com.br/ideias/vida-sobre-rodas-a-evolucao-da-bicicleta/.

▼ O que está representado nas imagens?

Ouça a leitura do professor, observe as imagens e descubra qual é o invento. Depois, escreva no quadro o nome dele.

▶ MINHA BICICLETA É ASSIM...

EXPOSIÇÃO:
Bicicleta, histórias e curiosidades

A EXPOSIÇÃO QUE VAI MUDAR O SEU MODO DE SE LOCOMOVER!

AMPLIFICA COMUNICAÇÃO

CARTAZ DA EXPOSIÇÃO **BICIBLETA, HISTÓRIAS E CURIOSIDADES**, 2011. SEMANA NACIONAL DE CIÊNCIA E TECNOLOGIA. PROJETO SESC CIÊNCIA, 9,0 CM × 13,5 CM.

Observe o cartaz e tente descobrir o tema de que ele trata. Ouça, então, a leitura do professor e converse com os colegas a respeito do assunto.

▼ Você sabe andar de bicicleta?

Desenhe sua bicicleta ou aquela que você gostaria de ter em uma folha à parte.

PASSEIO CICLÍSTICO

TÍTULO: _____

DATA: _____

LOCAL: _____

VANESSA ALEXANDRE

▼ Você já participou de um passeio ciclístico?

Crie com os colegas e o professor um cartaz para convidar as pessoas a participar de um passeio ciclístico.

▶ DESCOBRINDO OUTROS VEÍCULOS

▼ Que outros veículos você conhece que precisam de rodas para se locomover no solo?

Destaque as imagens da página 163 do encarte, cole-as nos quadros e escreva o nome desses veículos da maneira que souber.

Depois, faça um **X** no veículo que usa rodas para se locomover.

A INVENÇÃO DA RODA

A RODA É UMA DAS INVENÇÕES MAIS IMPORTANTES DE TODOS OS TEMPOS. ELA ESTÁ EM TODA PARTE E É TÃO COMUM VÊ-LA POR AÍ QUE NINGUÉM NEM SE LEMBRA DE COMO A VIDA ERA DIFÍCIL ANTES DELA.

A INVENÇÃO DESSE INSTRUMENTO MELHOROU A VIDA DA GENTE EM VÁRIOS ASPECTOS, FACILITANDO O TRANSPORTE DE PESSOAS E CARGAS E CONTRIBUINDO PARA O FUNCIONAMENTO DE MÁQUINAS.

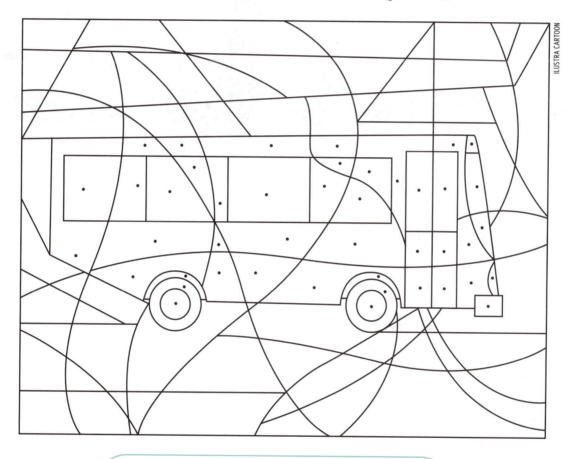

ILUSTRA CARTOON

Ouça a leitura do professor e tente se lembrar de objetos ou máquinas que utilizam rodas. Depois, observe a imagem e pinte os espaços em que aparecem pontinhos.

▼ O que você descobriu?

▼ Esse veículo precisa de rodas?

Escreva o nome dele no quadro, da maneira que souber.

A INVENÇÃO DA ESCRITA

PINTURA RUPESTRE.

ESCRITA CUNEIFORME EM PLACA DE ARGILA.

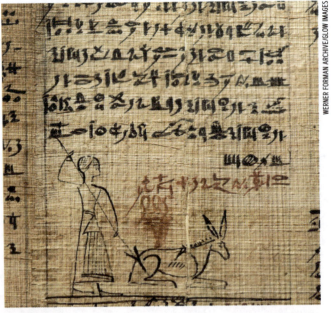

PAPIRO.

LIVRO.

Além da roda, outra invenção importante foi a escrita. Observe as imagens. Elas mostram a evolução da escrita.

▼ Em alguma delas, você consegue identificar uma letra? Circule-a com lápis colorido.

COMO SE ESCREVE?

ILUSTRAÇÕES: HENRIQUE BRUM

_____ÃO _____EDO

_____OLA _____UA

_____ACACO _____ETECA

▼ Para que serve a escrita?

   Observe cada imagem e a palavra embaixo dela. Depois, descubra a letra que inicia cada palavra, circule-a e copie-a na lacuna.

▼ Você sabe o nome das letras que usou em cada palavra?

▶ TRAVANDO A LÍNGUA

NÃO SEI SE É FATO OU SE É FITA
NÃO SEI SE É FITA OU FATO
O FATO É QUE ELA ME FITA
E FITA MESMO DE FATO.

ILUSTRAÇÕES: ESTÚDIO KIWI

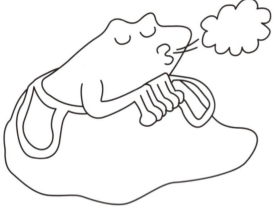

OLHA O SAPO DENTRO DO SACO
O SACO COM O SAPO DENTRO
O SAPO BATENDO PAPO
E O PAPO SOLTANDO VENTO.

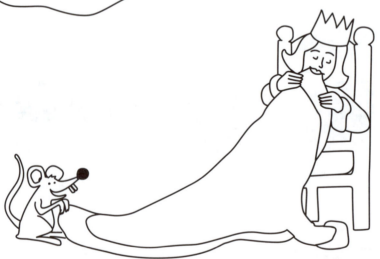

O RATO ROEU A ROUPA
DO REI DE ROMA.
E A RAINHA, DE RAIVA,
ROEU O RESTO.

TRAVA-LÍNGUAS.

A escrita também serve para divertir as pessoas. Ouça os trava-línguas que o professor lerá, repita-os rapidamente, sem trocar as palavras, e pinte as imagens.

▼ Sobre o que fala cada trava-língua?

▶ ALGUMAS INVENÇÕES PODEM SER UM TANTO ESQUISITAS

COISAS ESQUISITAS

UM SABÃO
QUE LAVE BEM

A JUBA DO _____.

UM LENÇO QUE
TIRE A DOR DE DENTE

DA _____.

UM PICOLÉ
QUE REFRESQUE

O _____.

TEXTO ESCRITO ESPECIALMENTE
PARA ESTA OBRA.

Ouça a leitura do professor e, oralmente, tente completar as rimas com nomes de animais.

Depois, destaque os animais da página 163 do encarte e cole-os ao lado da estrofe cujo nome dele complete a rima. Em seguida, complete a estrofe com o nome do animal da figura que você colou.

▼ Que coisas esquisitas foram criadas?

▶ INVENTE A RIMA

PIJAMA

RIMA COM

GIRASSOL

RIMA COM

SACOLA

RIMA COM

PANELA

RIMA COM

▼ Você sabe rimar?

Observe as figuras, fale o nome delas em voz alta e, em seguida, desenhe ao lado um elemento que rime com cada uma delas.

▼ O que você desenhou?

▶ ADIVINHAÇÃO

O QUE É, O QUE É?

O QUE É, O QUE É? NÃO DESGRUDA DO SEU PÉ,
CRESCE, ENGORDA E ESTICA. VOU TE DAR MAIS UMA DICA.
NÃO TEM CHEIRO, NEM SABOR. NÃO TEM PESO, NEM VALOR.
NÃO TEM BRILHO, MAS SE VÊ. NÃO CONSEGUE SE ESCONDER.
CAMINHANDO PELO CHÃO ANDA SEM LHE DAR A MÃO.
E NA SUA BRINCADEIRA É SUPERCOMPANHEIRA.
O QUE É, O QUE É? SE PARECE COM VOCÊ.
TEM ATÉ UM GESTO IGUAL,
MAS É BIDIMENSIONAL.
SE VOCÊ AINDA NÃO DESCOBRIU.
EU GARANTO QUE VOCÊ JÁ VIU
E AGORA O QUE EU VOU DIZER
COM CERTEZA VAI ESCLARECER.
SÓ NA LUZ É QUE ELA DANÇA.
DANÇA RUMBA, DANÇA SAMBA.
DANÇA O QUE VOCÊ DANÇAR,
SÓ VOCÊ É O SEU PAR.
O QUE É, O QUE É?

VANESSA ALEXANDRE

EDITH DERDY E PAULO TATIT. PALAVRA
CANTADA. **ÁLBUM PÉ COM PÉ**. 2006.

_____ _____ _____ _____ _____ _____

▼ Você sabe qual é a resposta?
    Pense e escreva nos espaços as letras
que formam a resposta da adivinha. Depois,
pinte de preto a sombra das crianças.

▶ CRIANDO COM AS MÃOS

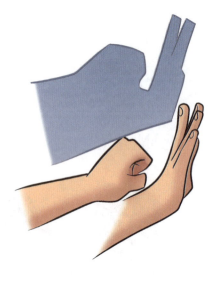

ILUSTRAÇÕES: ILUSTRA CARTOON

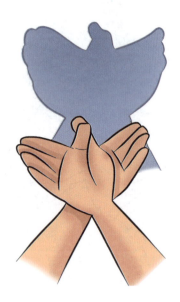

Brinque fazendo sombra com as mãos. Depois, escreva com o alfabeto móvel o nome dos animais que você representou e copie-os nas linhas.

▼ Você sabe fazer alguma outra sombra?

▶ DESCOBRINDO PALAVRAS...

A INVENÇÃO DO

PRIMEIRO OLHOU O DO
E ACHOU ESQUISITO.

DEPOIS EXAMINOU O DO
E DISSE: "SOCORRO!"

JÁ O DO

ACHOU INTERESSANTE.
MAS FOI QUANDO JUNTOU

O DO

E O DO

QUE O INVENTOR

CHEGOU AO .

RICARDO SILVESTRIN. **É TUDO INVENÇÃO**.
SÃO PAULO: ÁTICA, 2006. P. 16.

Acompanhe a leitura do professor e descubra o que o inventor criou. Escreva no quadro o nome da invenção.

Desafio: Usando o alfabeto móvel, descubra outras palavras que existem dentro da palavra que você escreveu e registre-as.

▼ Quais palavras novas você descobriu?

ESPAÇO DA LEITURA · ESPAÇO DA LEITURA
ALÉM DAS PALAVRAS · ALÉM DAS PALAVRAS

TAREFA PARA CASA 12

▶ QUAL É A PALAVRA?

SA + = SAPATO

 + CO =

CASA + CO =

 + =

CAMA + LEÃO =

ILUSTRAÇÕES: ANDRÉ VALLE

 + =

SOL + DADO =

 + =

CANA + PÉ =

FI + =

FI + VELA =

SA + =

SA + COLA =

▶ QUAL É A LETRA INICIAL?

Com a ajuda de um familiar, recorte de revistas figuras cujo nome comece com a letra inicial de seu nome e cole-as no quadro.

▼ Que figuras você colou?

TAREFA PARA CASA 2

▶ NÃO TRAVE A LÍNGUA!

A LARGATIXA DA TIA

LARGA A TIA, LARGATIXA!
LAGARTIXA, LARGA A TIA!
SÓ NO DIA EM QUE A SUA TIA
CHAMAR A LARGATIXA DE LAGARTIXA.

ILUSTRAÇÕES: ESTÚDIO KIWI

A ARANHA E A JARRA

DEBAIXO DA CAMA TEM UMA JARRA.
DENTRO DA JARRA TEM UMA ARANHA.
TANTO A ARANHA ARRANHA A JARRA,
COMO A JARRA ARRANHA A ARANHA.

O RATO ROEU

O RATO ROEU A ROUPA DO RODOVALHO.
O RATO A ROER ROÍA
E A ROSA RITA RAMALHO
DO RATO A ROER SE RIA.

TRAVA-LÍNGUAS.

Peça a um adulto de sua família que leia os trava-línguas para você. Repita-os várias vezes bem depressa. Depois, memorize-os e recite-os aos colegas da turma.

▼ Conseguiu repeti-los sem travar a língua?

TAREFA PARA CASA 3

▶ MEU SANDUÍCHE PREFERIDO

HENRIQUE BRUM

A galinha Maricota fez um sanduíche com pão, milho, quirera e ovo.

▼ E você? Que ingredientes colocaria em seu sanduíche?

Desenhe seus ingredientes preferidos entre as fatias de pão.

▶ **MEU CARDÁPIO**

CAFÉ DA MANHÃ
ALMOÇO
JANTAR

Com a ajuda de um familiar, recorte de revistas e panfletos imagens de alimentos que você costuma comer em cada refeição e cole-as nos respectivos quadros.

○ Que alimentos você colou?

○ De qual desses alimentos você mais gosta?

TAREFA PARA CASA 5

▶ **UM NOVO FINAL**

▼ Que histórias você ouviu em sala de aula?

Conte essas histórias a seus familiares. Depois, escolham uma das histórias e inventem um novo final para ela. Desenhe para representar esse final.

▼ Qual é o novo final que vocês inventaram?

TAREFA PARA CASA 6

▶ **MINHA HISTÓRIA PREFERIDA FOI...**

| BRANCA DE NEVE | A GALINHA RUIVA | PEDRO E O LOBO |

Peça a um adulto que leia o nome das histórias escritas nesta página. Escolha um nome e o reescreva no quadro usando letras recortadas de jornais e revistas.

▼ Que tal contar a seus familiares um trecho da história que você escolheu?

▶ QUANTOS BRINQUEDOS!

LUZSS/SHUTTERSTOCK.COM

BILDAGENTUR ZOONAR GMBH/SHUTTERSTOCK.COM

VIACH80/ISTOCKPHOTO.COM

BALLBALL14/SHUTTERSTOCK.COM

HOMEART/SHUTTERSTOCK.COM

PRESSLAB/SHUTTERSTOCK.COM

VENOT/SHUTTERSTOCK.COM

R.LKPHOTOGRAPHERS/SHUTTERSTOCK.COM

▼ Qual é o nome desses brinquedos?

Circule de **verde** os brinquedos com os quais você gostaria de brincar e de **vermelho** aqueles com os quais você não gostaria de brincar.

FALAR PARA APRENDER • FALAR PARA APRENDER • BLÁ BLÁ BLÁ

▶ MEU BRINQUEDO PREFERIDO

Desenhe seu brinquedo preferido. De volta à escola, apresente seu trabalho aos colegas e ao professor.

▼ Que brinquedo você desenhou?

► ANIMAIS PREFERIDOS

▼ Qual é o seu animal preferido?

Desenhe-o e, com a ajuda de um familiar, descubra informações e curiosidades sobre ele.

Depois, apresente aos colegas e ao professor o que vocês pesquisaram.

TAREFA PARA CASA 10

▶ **LIGA-PONTOS**

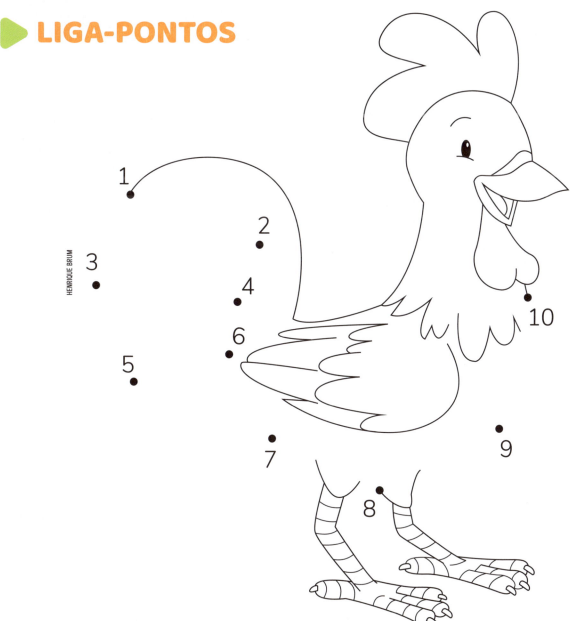

HENRIQUE BRUM

Ligue os pontos, descubra a figura e pinte-a.

▼ Que animal você descobriu?

Com a ajuda de um adulto, escreva o nome desse animal.

COM QUE LETRA COMEÇA?

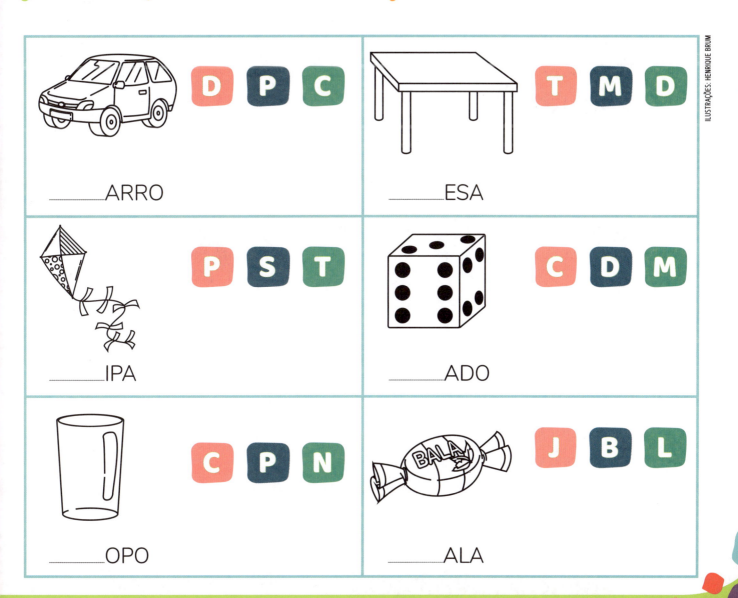

ILUSTRAÇÕES: HENRIQUE BRUM

Imagem	Letras	Palavra
carro	D P C	_____ARRO
mesa	T M D	_____ESA
pipa	P S T	_____IPA
dado	C D M	_____ADO
copo	C P N	_____OPO
bala	J B L	_____ALA

Observe cada imagem e a palavra embaixo dela. Com a ajuda de um familiar, descubra a letra que inicia cada palavra, circule-a e copie-a na lacuna. Depois, pinte as imagens.

▼ Que palavras você formou?

141

▶ BOLA

A BOLA É UM DOS BRINQUEDOS MAIS ANTIGOS QUE EXISTEM. [...] NO BRASIL, A BOLA MAIS POPULAR É SEM DÚVIDA A DE FUTEBOL, QUE CHEGOU POR AQUI EM 1894, TRAZIDA PELO INGLÊS CHARLES MILLER. E VOCÊ SABIA QUE A BOLA DE FUTEBOL BRANCA FOI INVENTADA POR UM BRASILEIRO? JOAQUIM SIMÃO TEVE ESSA IDEIA EM 1935, PARA QUE OS JOGADORES PUDESSEM ENXERGAR A PELOTA À NOITE.

DISPONÍVEL EM: HTTP://CRIANCAS.UOL.COM.BR/ESPECIAIS/ULT2631U3.JHTM. ACESSO EM: 6 NOV. 2019.

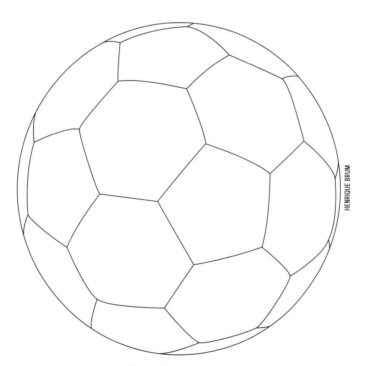

HENRIQUE BRUM

Peça a um familiar que leia o texto para você.

▼ Qual é o assunto do texto?

Pinte a bola e enfeite-a da maneira que desejar.

PÁGINA 11

ILUSTRAÇÕES: MARCOS DE MELLO

PÁGINA 17

PÁGINA 29

KIWI	CEREJA	PÊSSEGO
MAÇÃ	ABACAXI	MELANCIA
LARANJA	MORANGO	BANANA

PÁGINAS 24 E 25

PÁGINA 27

PÁGINA 33

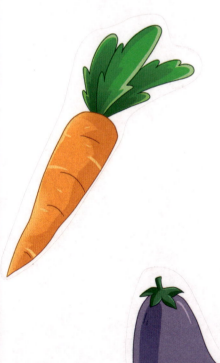

PÁGINAS 42 E 43

ILUSTRAÇÕES: FERNANDA MONTEIRO

PÁGINA 70

ILUSTRAÇÕES: HENRIQUE BRUM

PÁGINA 84

PHOTOLINC/SHUTTERSTOCK.COM

PAVEL STASEVICH/SHUTTERSTOCK.COM

ERIC ISSELEE/SHUTTERSTOCK.COM

CYNOCLUB/SHUTTERSTOCK.COM

KOTOMITI/ISTOCKPHOTO.COM

DARIA RYBAKOVA/SHUTTERSTOCK.COM

AKSENOVA NATALYA/SHUTTERSTOCK.COM

CHE_TINA_PLANT/ISTOCKPHOTO.COM

ANAN KAEWKHAMMUL/SHUTTERSTOCK.COM

PÁGINA 88

PÁGINA 97

LUIZ LENTINI

VANESSA ALEXANDRE

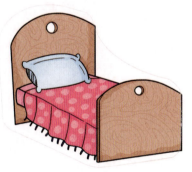

VANESSA ALEXANDRE

VANESSA ALEXANDRE

VANESSA ALEXANDRE

LUIZ LENTINI

VANESSA ALEXANDRE

VANESSA ALEXANDRE

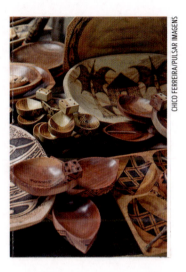

CHICO FERREIRA/PULSAR IMAGENS

CADU DE CASTRO/PULSAR IMAGENS

ROGÉRIO REIS/PULSAR IMAGENS

MARCOS ANDRÉ/OPÇÃO BRASIL IMAGENS

PÁGINA 110

PÁGINA 115

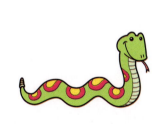

PÁGINA 9

A A A B C

D E E E F

G H I I I

J K L M N

O O O P Q

R S T U U

V W X Y Z

A A A B C

D E E E F

G H I I I

J K L M N

O O O P Q

R S T U U

U V W X Y

Z Ç Ç

PAULO VILELA/DREAMSTIME.COM

DIOGOPPR/ISTOCKPHOTO.COM

ILUSTRAÇÕES: SONIA HORN

PÁGINA 86

PÁGINA 94

GLOBALP/ISTOCKPHOTO.COM

ANAN KAEWKHAMMUL/SHUTTERSTOCK.COM

MARIJUS AURUSKEVICIUS/SHUTTERSTOCK.COM

ERIC ISSELEE/SHUTTERSTOCK.COM

TON BANGKEAW/SHUTTERSTOCK.COM

VERA LARINA/SHUTTERSTOCK.COM

PÁGINA 104

NAIR BENEDICTO/N-IMAGENS

FABIO COLOMBINI

ROSA GAUDITANO/ STUDIO R

ROSA GAUDITANO/ STUDIO R

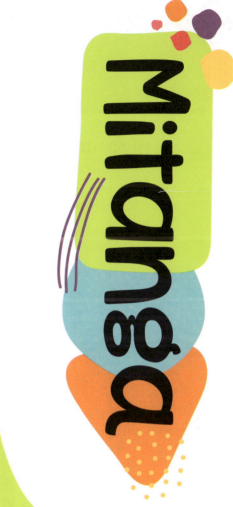

Mitanga

MITANGA PALAVRA DE ORIGEM TUPI QUE SIGNIFICA "CRIANÇA" OU "CRIANÇA PEQUENA".

EM ATIVIDADE

1
EDUCAÇÃO INFANTIL

Editora do Brasil

SUMÁRIO

SUMÁRIO

Observe o nome das crianças e circule os que começam com a mesma letra.

► Você conhece essa letra?

► Em sua turma, o nome de algum colega começa com a letra **R**?

► Com que letra começa o nome que você não circulou?

► AS PESSOAS TÊM NOME

ILUSTRAÇÕES: RODRIGO ARRAYA

RONALDO

RENATA

ALICE

PAULA KRANZ

MESA

PIA

PANELA

▼ Que ambiente
é esse?

Complete o
nome dos objetos
cobrindo as
letras tracejadas.
Depois, encontre
esses objetos
na cena e ligue
cada um a seu
respectivo nome.

▼ Você sabe
o nome de
outros objetos
que aparecem
nessa cozinha?

A, E, I, O, U DOS ALIMENTOS

- Você conhece essas letras?
- Alguma delas aparece em seu nome?
- Cubra o tracejado de cada vogal e pinte o alimento cujo nome começa com ela.
- Você conhece outros nomes de alimentos que começam com vogal?

A

ABACAXI

E

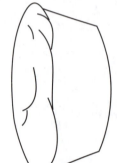

IOGURTE

EMPADA

I

O

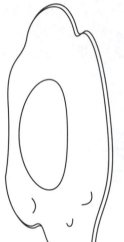

OVO

U

UVA

ILUSTRAÇÕES: LUIZ LENTINI

ANTES DE COMER, LAVE AS MÃOS!

RAIA/SHUTTERSTOCK.COM

MÃO

LIMÃO

FEIJÃO

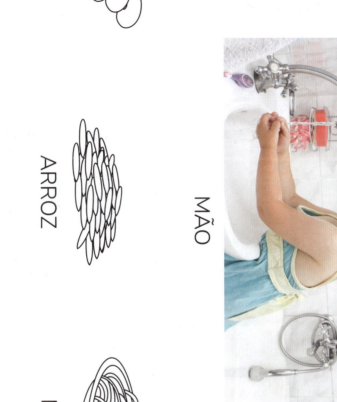

MAMÃO

ARROZ

MELANCIA

MACARRÃO

ILUSTRAÇÕES: LUIS LENTINI

▼ Por que é importante lavar as mãos antes de comer?

Pinte os alimentos cujos nomes rimam com **MÃO**.

▼ Que outros nomes de alimentos rimam com essa palavra?

As frutas já estão prontas para serem colhidas. Ajude o agricultor a chegar ao pomar.

▶ Você já comeu uma fruta assim que foi colhida?

▶ Que fruta é essa apresentada na imagem?

▶ HORA DA COLHEITA!

PAULA KRANZ

ILUSTRAÇÕES: SONIA HORN

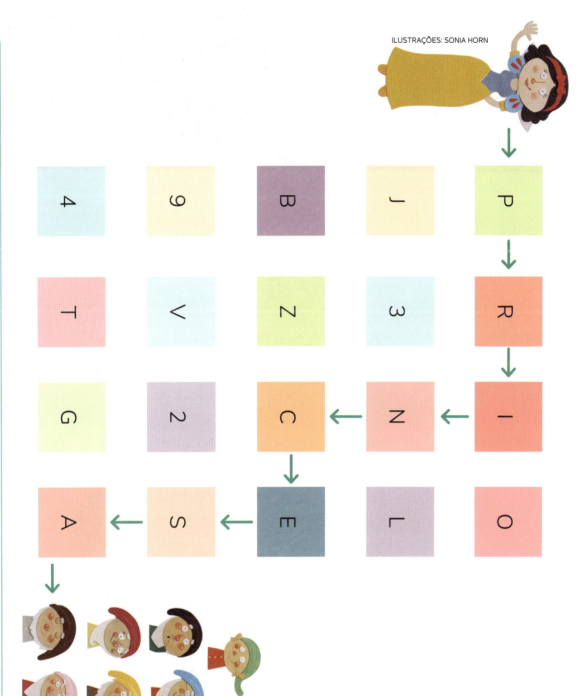

P	J	B	9	4
R	3	Z	V	T
I	N	C	2	G
O	L	E	S	A

Siga as setas e descubra o caminho que a princesa fez para encontrar os anões. Trace-o com lápis.

Depois, circule as letras que estão nesse caminho e copie-as no quadro, na ordem em que aparecem.

▼ Que palavra você formou?

▼ Você sabe dizer o nome de todas as letras que circulou?

▼ Há letras repetidas nessa palavra?

- Você conhece essas letras?
- Alguma delas aparece em seu nome?

Com giz de cera, cubra o tracejado da palavra e leia-a com a ajuda do professor.

- Você já ouviu a história da Galinha Ruiva? Pinte a galinha e, ao redor dela, desenhe os pintinhos.

A GALINHA RUIVA

EDSON FARIAS

GALINHA

PEDRO E O LOBO

ILUSTRAÇÕES:
VANESSA ALEXANDRE

▼ Você já ouviu a
história Pedro
e o Lobo?
Cubra os
tracejados
com canetinha
hidrocor e
descubra o
caminho que os
personagens
fizeram para
chegar à floresta.

▼ Você se
lembra do que
aconteceu na
floresta?

▼ Quais são
os outros
personagens
da história?

EU ADORO BRINCAR!

Pinte os brinquedos e ligue os que começam com a mesma letra.

▶ Com que letra começa o nome desses brinquedos?

▶ Alguma delas aparece em seu nome?

▶ Você se lembra de outros nomes de brinquedos que começam com as letras **B**, **C** ou **P**?

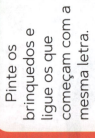

PATINETE

LUIZ LENTINI

BONECA

LUIZ LENTINI

CORDA

HENRIQUE BRUM

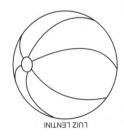

BOLA

LUIZ LENTINI

PETECA

LUIZ LENTINI

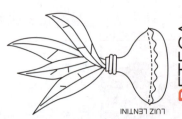

CARRINHO

LUIZ LENTINI

QUE BRINQUEDO ESCOLHER?

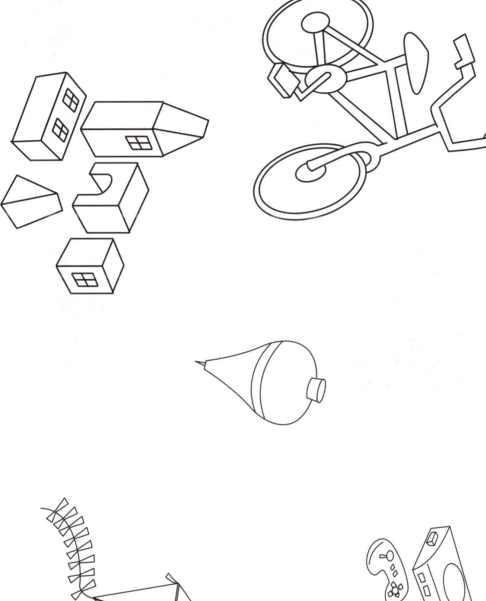

ILUSTRAÇÕES: LUIZ LENTINI

- ► Com qual desses brinquedos você gostaria de brincar? Pinte-o usando giz de cera.

- ► Com que letra começa o nome do brinquedo que você pintou? Escreva-a no quadro com a ajuda do professor.

- ► Você conhece outras palavras que começam com essa letra?

◆ COMPLETANDO O NOME DOS ANIMAIS

▶ Você conhece esses animais? Diga o nome deles e observe as letras dos quadros.

▶ Vamos completar cada nome?

Com a ajuda do professor, escreva as letras que faltam para completar os nomes.

ERIC ISSELEE/SHUTTERSTOCK.COM

| M | A | | | | | | |

MARGARET/
SHUTTERSTOCK.COM

| J | A | | | | | | |

LAZYFOCUS/
SHUTTERSTOCK.COM

| L | O | | |

DEEPICTURE/SHUTTERSTOCK.COM

| T | I | | | |

A E I O U

IRIN-K/SHUTTERSTOCK.COM

JOANINHA

KRAKENIMAGES.COM/SHUTTERSTOCK.COM

AVESTRUZ

▸ Você conhece essas letras?
▸ Sabe o nome desses animais? Circule as vogais que aparecem no nome deles. Depois, copie-as nos quadros.
▸ Que vogais não apareceram nas palavras?

▶ A INVENÇÃO DOS MEIOS DE COMUNICAÇÃO

▶ Você conhece essas invenções?

▶ Para que elas servem?

▶ Qual delas você mais utiliza em sua casa?

Pinte as imagens dos meios de comunicação e ligue-as ao nome deles.

▶ Com que letra começa o nome de cada um?

Circule os nomes que começam com a mesma letra.

RÁDIO

TELEVISÃO

COMPUTADOR

TELEFONE

ILUSTRAÇÕES: LUIZ LENTINI

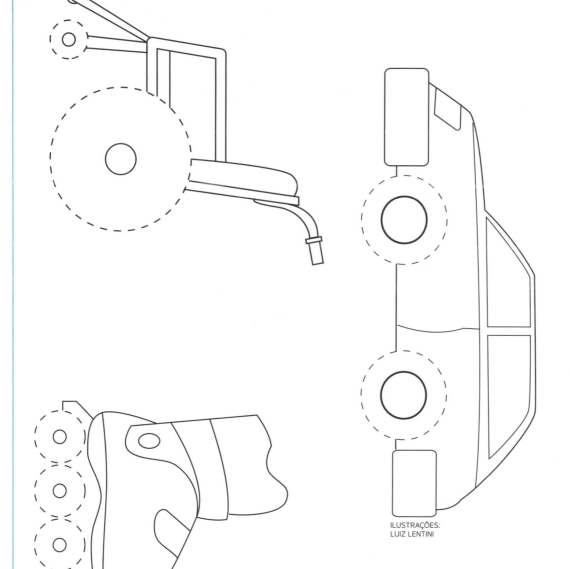

ILUSTRAÇÕES:
LUIZ LENTINI

Cubra o tracejado das imagens, pinte-as e descubra como a roda pode ser utilizada em diversos objetos.

▶ Para que serve a roda nessas invenções?

◀ Como os carros andariam pelas ruas se a roda não tivesse sido inventada?

Com a ajuda do professor, escreva a palavra **RODA** no quadro.

Os lugares também têm nome.

▶ Ajude a menina a encontrar a sala com o nome **BORBOLETA** e circule a porta correta.

▶ Que outra sala também tem o nome iniciado pela letra **B**? Com a ajuda do professor, escreva essa palavra no quadro.

AS SALAS DA ESCOLA

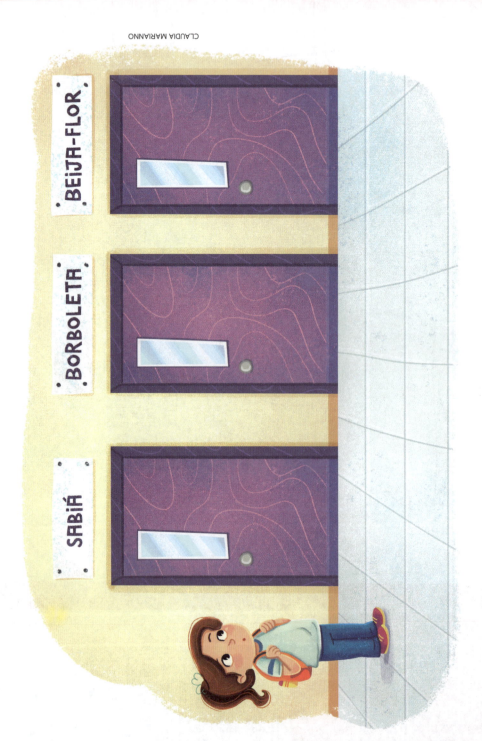

CLÁUDIA MARIANNO

LENCINHO

EDSON FARIAS

▶ Você já brincou de "corre cotia"?

▼ Qual é o objeto escondido nessa brincadeira?

Com lápis de cor, cubra o tracejado da palavra e leia-a com a ajuda do professor.

Depois, circule a criança que está com o **lencinho**.

CORRE COTIA

CORRE COTIA
NA CASA DA _____,
CORRE CIPÓ
NA _____ DA AVÓ,
LENCINHO NA MÃO
CAIU NO CHÃO,
MOÇA _____
DO MEU CORAÇÃO.

PARLENDA.

CASA	BONITA	TIA

LIE NOBUSA

▼ Você conhece a parlenda que acompanha a brincadeira "corre cotia"? Recite-a com o professor e os colegas. Depois, observe as palavras do quadro e complete a letra da parlenda. Por fim, pinte a ilustração.

▶ Que tal brincar de "corre cotia" com os colegas e o professor?

O QUE É, O QUE É?

SOU UM GRANDE AMIGO,
ABANO O RABO DE CONTENTE,
MAS QUANDO NÃO GOSTO DE ALGUÉM,
COMEÇO A LATIR ESTRIDENTE.
MEU NOME COMEÇA COM A LETRA C.

SOU O _____.

ADIVINHA.

ILUSTRAÇÕES:
SHUTTERSTOCK.COM/OLEON17

- Ouça a leitura do professor.
▼ De que animal fala o texto? Pinte o animal e escreva o nome dele para completar a adivinha.

Depois, com os colegas, faça um cachorro com massa de modelar.

Está chovendo letrinhas e o coelho não quer se molhar.

Observe a chuva de letras e pinte somente as gotas com as letras da palavra **coelho**.

CHUVA DE LETRINHAS

U
R
L
O
P
E
T
O
B
F
D
A
H
C
I

COELHO

CLAUDIA MARIANNO

CADÊ O BRINQUEDO QUE ESTAVA AQUI?

CLAUDIA MARIANNO

| COCADA | CORDA | CORAÇÃO |

▶ Qual é sua brincadeira favorita?

▶ De que essas crianças estão brincando?

▶ Qual brinquedo elas estão usando?

▶ Desenhe a parte que falta do brinquedo e, depois, marque um **X** no nome dele.

▶ Que tal brincar de corda com os colegas e o professor?

◢ ANIMAL ESCONDIDO

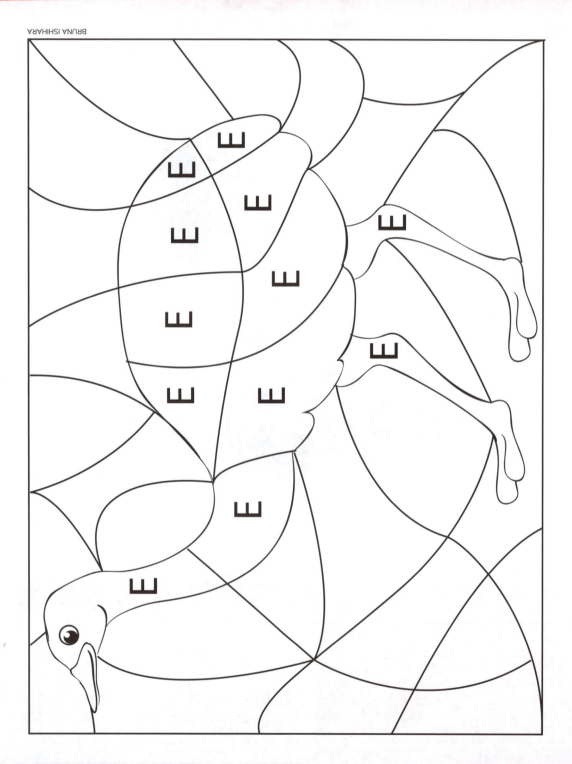

BRUNA ISHIHARA

MA____

FRUTAS AMARELAS

MAKS NARODENKO/
SHUTTERSTOCK.COM

MAKS NARODENKO/SHUTTTERSTOCK.COM

DIOGOPPR/
SHUTTERSTOCK.COM

MARACUJÁ

BANANA

MANGA

▼ Você gosta de comer frutas?
Observe essas frutas.

▼ Você sabe o nome delas?

▶ Qual é a semelhança entre elas?

Ligue as frutas a seus nomes. Depois, circule o nome da fruta cuja letra inicial é diferente.

TRILHA DIVERTIDA

MATERIAIS ESCOLARES

LIFESTYLE TRAVEL PHOTO/SHUTTERSTOCK.COM

C	D	R	N	

C		L	

CIPARISS/SHUTTERSTOCK.COM

M	C	H	L	

PIXEL-SHOT/SHUTTERSTOCK.COM

ROBERT BABCZYNSKI/
SHUTTERSTOCK.COM

E	S	T	J	

▼ Você conhece
esses objetos?
Diga o nome
deles e para que
cada um serve.
Depois,
complete as
palavras com as
letras que faltam.

PALAVRA INTRUSA

Observe os grupos de palavras.

▶ Todas as palavras começam com a mesma letra? Marque um **X** na palavra intrusa em cada grupo. Depois, pinte as imagens.

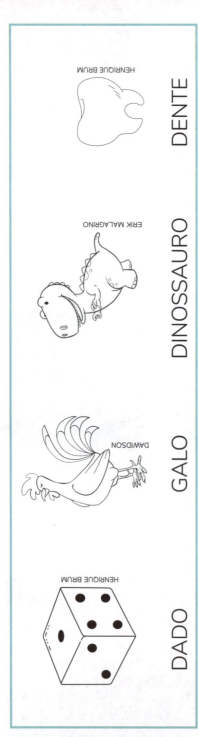

DADO

HENRIQUE BRUM

GALO

DAVIDSON

DINOSSAURO

ERIK MALAGRINO

DENTE

HENRIQUE BRUM

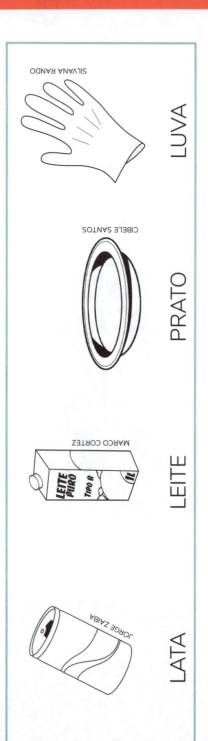

LATA

JORGE ZAIBA

LEITE

MARCO CORTEZ

PRATO

CIBELE SANTOS

LUVA

SILVANA RANDO

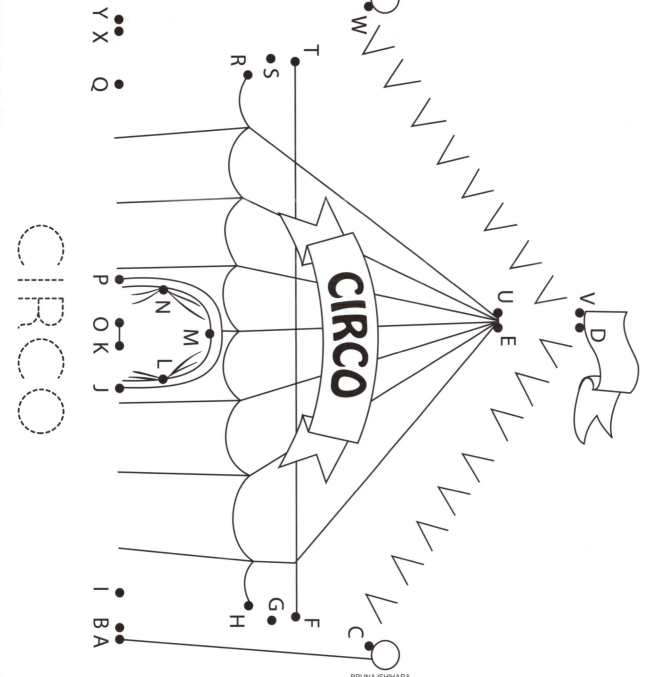

BRUNA ISHIHARA

- Você já foi ao circo?
- Qual é a sua atração preferida?

  Ligue as letras seguindo a ordem do alfabeto e complete a tenda do circo. Depois, pinte-o e cubra a palavra tracejada.

◣ A CASINHA DA VOVÓ

A _____ DA _____

É CERCADINHA DE _____,

O _____ ESTÁ DEMORANDO,

COM CERTEZA NÃO TEM PÓ.

PARLENDA.

CIPÓ

CAFÉ

VOVÓ

CASINHA

ILUSTRAÇÕES:
CLÁUDIA MARIANNO

VAMOS RIMAR?

GATO

SOLDADO

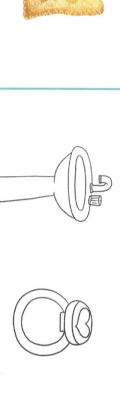

PASTEL

ILUSTRAÇÕES: CLAUDIA MARIANNO

▼ Vamos brincar de rimar?

Observe as imagens em destaque e leia as palavras com o professor.

Procure no grupo a imagem cujo nome rima com o nome da imagem em destaque e pinte-a.

Depois, escreva o nome da imagem que você pintou.

Hoje é dia de brinquedo na escola e Carolina está escolhendo qual irá levar.

Observe os brinquedos e pinte aquele que você escolheria para levar à escola.

Depois, escreva o nome dele.

▶ O brinquedo que você escolheu está dentro ou fora da caixa?

CAIXA DE BRINQUEDOS

HENRIQUE BRUM